CARTA ENCÍCLICA
EVANGELIUM VITAE
DO SUMO PONTÍFICE
JOÃO PAULO II

AOS BISPOS
AOS PRESBÍTEROS E DIÁCONOS
AOS RELIGIOSOS E RELIGIOSAS
AOS FIÉIS LEIGOS
E A TODAS AS PESSOAS DE BOA VONTADE
SOBRE O VALOR E A INVIOLABILIDADE
DA VIDA HUMANA

7ª edição – 2011

2ª reimpressão – 2021

Nenhuma parte desta obra poderá ser reproduzida ou transmitida por qualquer forma e/ou quaisquer meios (eletrônico ou mecânico, incluindo fotocópia e gravação) ou arquivada em qualquer sistema ou banco de dados sem permissão escrita da Editora. Direitos reservados.

Paulinas
Rua Dona Inácia Uchoa, 62
04110-020 – São Paulo – SP (Brasil)
Tel.: (11) 2125-3500
http://www.paulinas.com.br – editora@paulinas.com.br
Telemarketing e SAC: 0800-7010081

© Pia Sociedade Filhas de São Paulo – São Paulo, 1995

INTRODUÇÃO

1. O EVANGELHO DA VIDA está no centro da mensagem de Jesus. Amorosamente acolhido cada dia pela Igreja, há de ser fiel e corajosamente anunciado como boa nova aos homens de todos os tempos e culturas.

Na aurora da salvação, é proclamado como feliz notícia o nascimento de um menino: «Anuncio-vos uma grande alegria, que o será para todo o povo: Hoje, na cidade de Davi, nasceu-vos um Salvador, que é o Messias, Senhor» (*Lc* 2,10-11). O motivo imediato que faz irradiar esta «grande alegria» é, sem dúvida, o nascimento do Salvador; mas, no Natal, manifesta-se também o sentido pleno de todo o nascimento humano, pelo que a alegria messiânica se revela fundamento e plenitude da alegria por cada criança que nasce (cf. *Jo* 16,21).

Ao apresentar o núcleo central da sua missão redentora, Jesus diz: «Eu vim para que tenham vida, e a tenham em abundância» (*Jo* 10,10). Ele fala daquela vida «nova» e «eterna» que consiste na comunhão com o Pai, à qual todo homem é gratuitamente chamado no Filho, por obra do Espírito Santificador. Mas é precisamente em tal «vida» que todos os aspectos e momentos da vida do homem adquirem pleno significado.

O valor incomparável da pessoa humana

2. O homem é chamado a uma plenitude de vida que se estende muito para além das dimensões da sua existência terrena, porque consiste na participação da própria vida de Deus.

A sublimidade desta vocação sobrenatural revela a *grandeza* e o *valor precioso* da vida humana, inclusive já na sua fase temporal. Com efeito, a vida temporal é condição basilar, momento inicial e parte integrante do processo global e unitário da existência humana: um processo que, para além de toda expectativa e merecimento, fica iluminado pela promessa e renovado pelo dom da vida divina, que alcançará a sua plena realização na eternidade (cf. *1Jo* 3,1-2) . Ao mesmo tempo, porém, o próprio chamamento sobrenatural sublinha a *relatividade* da vida terrena do homem e da mulher. Na verdade, esta vida não é realidade «última», mas «penúltima»; trata-se, em todo o caso, de uma *realidade sagrada* que nos é confiada para a guardarmos com sentido de responsabilidade e levarmos à perfeição no amor pelo dom de nós mesmos a Deus e aos irmãos.

A Igreja sabe que este *Evangelho da vida*, recebido do seu Senhor,[1] encontra um eco profundo e persuasivo no coração de cada pessoa, crente e até não-crente, porque se ele supera infinitamente as suas aspirações, também lhes corresponde de maneira admirável. Mesmo por entre dificuldades e incertezas, todo homem sinceramente aberto à verdade e ao bem pode, pela luz da razão e com o secreto influxo da graça, chegar a reconhecer, na lei natural inscrita no coração (cf. *Rm* 2,14-15), o valor sagrado da vida humana desde o seu início até ao seu termo, e afirmar o direito que todo ser humano tem de ver plenamente respeitado este seu bem primário. Sobre o reconhecimento de tal direito é que se funda a convivência humana e a própria comunidade política.

De modo particular, devem defender e promover este direito os crentes em Cristo, conscientes daquela verdade maravilhosa, recordada pelo Concílio Vaticano II: «Pela sua encarnação, ele, o Filho de Deus, uniu-se de certo modo a cada homem».[2] De fato, neste acontecimento da salvação, revela-se à humanidade não só o amor infinito de Deus que «amou de tal modo o mundo que lhe deu o seu Filho

---

1. Na verdade, a expressão «Evangelho da vida», como tal, não aparece na Sagrada Escritura. No entanto, traduz fielmente um aspecto essencial da mensagem bíblica.

2. Const. past. sobre a Igreja no mundo contemporâneo *Gaudium et spes*, 22.

único» (*Jo* 3,16), mas também o *valor incomparável de cada pessoa humana*.

A Igreja, perscrutando assiduamente o mistério da Redenção, descobre com assombro incessante[3] este valor, e sente-se chamada a anunciar aos homens de todos os tempos este «evangelho», fonte de esperança invencível e de alegria verdadeira para cada época da história. O *Evangelho do amor de Deus pelo homem, o Evangelho da dignidade da pessoa e o Evangelho da vida são um único e indivisível Evangelho*.

É por este motivo que o homem, o homem vivo, constitui o primeiro e fundamental caminho da Igreja.[4]

As novas ameaças à vida humana

3. Precisamente por causa do mistério do Verbo de Deus que se fez carne (cf. *Jo* 1,14), cada homem está confiado à solicitude materna da Igreja. Por isso, qualquer ameaça à dignidade e à vida do homem não pode deixar de se repercutir no próprio coração da Igreja, é impossível não a tocar no centro da sua fé na encarnação redentora do Filho de Deus, não pode passar sem a interpelar na sua missão de anunciar o

3. Cf. JOÃO PAULO II, Carta enc. *Redemptor hominis* (4 de março de 1979), n. 10: *AAS* 71 (1979), 275.

4. Cf. *Ibid.*, n. 14: *o.c.*, 285.

Evangelho da vida pelo mundo inteiro a toda criatura (cf. *Mc* 16,15).

Hoje, este anúncio torna-se particularmente urgente pela impressionante multiplicação e agravamento das ameaças à vida das pessoas e dos povos, sobretudo quando ela é débil e indefesa. Às antigas e dolorosas chagas da miséria, da fome, das epidemias, da violência e das guerras, vêm se juntar outras com modalidades inéditas e dimensões inquietantes.

Já o Concílio Vaticano II, numa página de dramática atualidade, deplorou fortemente os múltiplos crimes e atentados contra a vida humana. À distância de trinta anos e fazendo minhas as palavras da Assembléia Conciliar, uma vez mais e com idêntica força os deploro em nome da Igreja inteira, com a certeza de interpretar o sentimento autêntico de toda reta consciência: «Tudo quanto se opõe à vida, como seja toda espécie de homicídio, genocídio, aborto, eutanásia e suicídio voluntário; tudo o que viola a integridade da pessoa humana, como as mutilações, os tormentos corporais e mentais e as tentativas para violentar as próprias consciências; tudo quanto ofende a dignidade da pessoa humana, como as condições de vida infra-humanas, as prisões arbitrárias, as deportações, a escravidão, a prostituição, o comércio de mulheres e jovens; e também as condições degradantes de trabalho, em que os operários são tratados como meros instrumentos de lucro e não como pessoas livres e responsáveis. Todas estas coisas e outras semelhantes são infamantes; ao mesmo tempo que corrompem a civilização humana, desonram mais aqueles que assim procedem, do que os que padecem injustamente; e ofendem gravemente a honra devida ao Criador».[5]

4. Infelizmente, este panorama inquietante, longe de diminuir, tem vindo a dilatar-se: com as perspectivas abertas pelo progresso científico e tecnológico, nascem outras formas de atentados à dignidade do ser humano, enquanto se delineia e consolida uma nova situação cultural que dá aos crimes contra a vida um *aspecto inédito e — se é possível — ainda mais iníquo*, suscitando novas e graves preocupações: amplos setores da opinião pública justificam alguns crimes contra a vida em nome dos direitos da liberdade individual e, sobre tal pressuposto, pretendem não só a sua impunidade, mas ainda a própria autorização da parte do Estado para os praticar com absoluta liberdade e, mais, com a colaboração gratuita dos Serviços de Saúde.

Ora, tudo isto provoca uma profunda alteração na maneira de considerar a vida e as relações entre os homens. O fato de as legislações de muitos países, afastando-se quiçá dos próprios princípios basilares das suas Constituições, terem consentido em não punir, ou mesmo até reconhecer a plena legi-

---

5. Const. past. sobre a Igreja no mundo contemporâneo *Gaudium et spes*, 27.

timidade de tais ações contra a vida, é conjuntamente sintoma preocupante e causa não marginal de uma grave derrocada moral: opções, outrora consideradas unânimemente criminosas e rejeitadas pelo senso moral comum, tornam-se pouco a pouco socialmente respeitáveis. A própria medicina que, por vocação, se orienta para a defesa e cuidado da vida humana, em alguns dos seus setores vai-se prestando em escala cada vez maior a realizar tais atos contra a pessoa, e, deste modo, deforma o seu rosto, contradiz-se a si mesma e humilha a dignidade de quantos a exercem. Em semelhante contexto cultural e legal, os graves problemas demográficos, sociais ou familiares — que incidem sobre numerosos povos do mundo e exigem a atenção responsável e operante das comunidades nacionais e internacionais —, encontram-se também sujeitos a soluções falsas e ilusórias, em contraste com a verdade e o bem das pessoas e das nações.

O resultado de tudo isto é dramático: se é muitíssimo grave e preocupante o fenômeno da eliminação de tantas vidas humanas nascentes ou encaminhadas para o seu ocaso, não o é menos o fato de à própria consciência, ofuscada por tão vastos condicionalismos, lhe custar cada vez mais a perceber a distinção entre o bem e o mal, precisamente naquilo que toca o fundamental valor da vida humana.

Em comunhão com todos os Bispos do mundo

5. Ao problema das ameaças à vida humana no nosso tempo, foi dedicado o *Consistório Extraordinário dos Cardeais,* realizado em Roma de 4 a 7 de abril de 1991. Depois de amplo e profundo debate do problema e dos desafios postos à família humana inteira e, de modo particular, à Comunidade cristã, os Cardeais, com voto unânime, pediram-me que reafirmasse, com a autoridade do Sucessor de Pedro, o valor da vida humana e a sua inviolabilidade, à luz das circunstâncias atuais e dos atentados que hoje a ameaçam.

Acolhendo tal pedido, no Pentecostes de 1991 escrevi uma *carta pessoal* a cada Irmão no Episcopado para que, em espírito de colegialidade, me oferecesse a sua colaboração com vista à elaboração de um específico documento.[6] Agradeço profundamente a todos os Bispos que responderam, fornecendo-me preciosas informações, sugestões e propostas. Deram também assim testemunho da sua participação concorde e convicta na missão doutrinal e pastoral da Igreja acerca do *Evangelho da vida.*

Nessa mesma carta, que fora enviada poucos dias depois da celebração do centenário da Encíclica *Rerum novarum,* chamava a atenção de todos para

---

6. Cf. Carta a todos os Irmãos no Episcopado sobre «o Evangelho da vida» (19 de maio de 1991): *Insegnamenti* XIV/1 (1991), 1293-1296.

esta singular analogia: «Como há um século, oprimida nos seus direitos fundamentais era a classe operária, e a Igreja com grande coragem tomou a sua defesa, proclamando os sacrossantos direitos da pessoa do trabalhador, assim agora, quando outra categoria de pessoas é oprimida no direito fundamental à vida, a Igreja sente que deve, com igual coragem, dar voz a quem não a tem. O seu é sempre o grito evangélico em defesa dos pobres do mundo, de quantos estão ameaçados, desprezados e oprimidos nos seus direitos humanos».[7]

Espezinhada no direito fundamental à vida, é hoje uma grande multidão de seres humanos fracos e indefesos, como o são, em particular, as crianças ainda não nascidas. Se, ao findar do século passado, não fora consentido à Igreja calar perante as injustiças então reinantes, menos ainda pode ela calar hoje, quando às injustiças sociais do passado — infelizmente ainda não superadas — se vêm somar, em tantas partes do mundo, injustiças e opressões ainda mais graves, mesmo se disfarçadas em elementos de progresso com vista à organização de uma nova ordem mundial.

A presente Encíclica, fruto da colaboração do Episcopado de cada país do mundo, quer ser uma *reafirmação precisa e firme do valor da vida humana e da sua inviolabilidade,* e, conjuntamente, um ardente apelo dirigido em nome de Deus a todos e a

7. *Ibid.: o.c.,* 1294.

cada um: *respeita, defende, ama e serve a vida, cada vida humana!* Unicamente por este caminho, encontrará justiça, progresso, verdadeira liberdade, paz e felicidade!

Cheguem estas palavras a todos os filhos e filhas da Igreja! Cheguem a todas as pessoas de boa vontade, solícitas pelo bem de cada homem e mulher e pelo destino da sociedade inteira!

6. Em profunda comunhão com cada irmão e irmã na fé e animado por sincera amizade para com todos, quero *meditar de novo e anunciar o Evangelho da vida,* clara luz que ilumina as consciências, esplendor de verdade que cura o olhar ofuscado, fonte inexaurível de constância e coragem para enfrentar os desafios sempre novos que encontramos no nosso caminho.

Tendo no pensamento a rica experiência vivida durante o Ano da Família, e quase completando idealmente a *Carta* que dirigi «a cada família concreta de cada região da terra»,[8] olho com renovada confiança para todas as comunidades domésticas e faço votos por que renasça ou se reforce, em todos e aos diversos níveis, o compromisso de apoiarem a família, para que também hoje — mesmo no meio de numerosas dificuldades e graves ameaças — ela

---

8. Carta às Famílias *Gratissimam sane* (2 de fevereiro de 1994), n. 4: *AAS* 86 (1994), 871.

se conserve sempre, segundo o desígnio de Deus, como «santuário da vida».[9]

A todos os membros da Igreja, *povo da vida e pela vida,* dirijo o mais premente convite para que, juntos, possamos dar novos sinais de esperança a este nosso mundo, esforçando-nos por que cresçam a justiça e a solidariedade e se afirme uma nova cultura da vida humana, para a edificação de uma autêntica civilização da verdade e do amor.

---

9. JOÃO PAULO II, Carta enc. *Centesimus annus* (1º de maio de 1991), n. 39: *AAS* 83 (1991), 842.

CAPÍTULO I

A VOZ DO SANGUE DO TEU IRMÃO CLAMA DA TERRA ATÉ MIM

AS ATUAIS AMEAÇAS À VIDA HUMANA

«Caim levantou a mão contra o irmão Abel e matou-o» (Gn 4,8): na raiz da violência contra a vida

7. «Deus não é o autor da morte, a perdição dos vivos não lhe dá nenhuma alegria. Porquanto ele criou tudo para a existência. (...) Com efeito, *Deus criou o homem para a incorruptibilidade,* e fê-lo à imagem da sua própria natureza. Por inveja do demônio é que *a morte entrou no mundo* e prova-la-ão os que pertencem ao demônio» *(Sb* 1,13-14; 2,23-24).

O *Evangelho da vida,* que ressoa, logo ao princípio, com a criação do homem à imagem de Deus para um destino de vida plena e perfeita (cf. *Gn* 2,7; *Sb* 9,2-3), vê-se contestado pela experiência dilacerante da *morte que entra no mundo,* lançando o espectro da falta de sentido sobre toda a existência do homem.

A morte entra por causa da inveja do diabo (cf. *Gn* 3,1.4-5) e do pecado dos primeiros pais (cf. *Gn* 2,17; 3,17-19). E entra de modo violento, *através do assassínio de Abel por obra do seu irmão:* «Logo que chegaram ao campo, Caim levantou a mão contra o irmão Abel e matou-o» *(Gn* 4,8).

Este primeiro assassínio é apresentado, com singular eloqüência, numa página paradigmática do livro do Gênesis: página transcrita cada dia, sem cessar e com degradante repetição, no livro da história dos povos.

Queremos ler de novo, juntos, esta página bíblica, que, apesar do seu aspecto arcaico e extrema simplicidade, se apresenta riquíssima de ensinamentos.

«Abel foi pastor; e Caim, lavrador. Ao fim de algum tempo, Caim apresentou ao Senhor uma oferta de frutos da terra. Por seu lado, Abel ofereceu primogênitos do seu rebanho e as gorduras deles. O Senhor olhou favoravelmente para Abel e para a sua oferta, mas não olhou para Caim nem para a sua oferta.

Caim ficou muito irritado e o rosto transtornou-se-lhe. O Senhor disse a Caim: "Por que estás irritado e o teu rosto abatido? Se procederes bem, certamente voltarás a erguer o rosto; se procederes mal, o pecado deitar-se-á à tua porta e andará a espreitar-te. Cuidado, pois ele tem muita inclinação para ti, mas deves dominá-lo".

Entretanto, Caim disse a Abel, seu irmão: "Vamos ao campo". Porém, logo que chegaram ao campo, Caim levantou a mão contra o irmão Abel e matou-o.

O Senhor disse a Caim: "Onde está Abel, teu irmão?" Caim respondeu: "Não sei dele. Sou, porventura, guarda do meu irmão?" O Senhor replicou: "Que fizeste? A voz do sangue do teu irmão clama da terra até mim. De ora em diante, serás maldito sobre a terra que abriu a sua boca para beber da tua mão o sangue do teu irmão. Quando a cultivares, negar-te-á as suas riquezas. Serás errante e fugitivo sobre a terra".

Caim disse ao Senhor: "A minha culpa é grande demais para obter perdão! Expulsas-me hoje desta terra; obrigado a ocultar-me longe da tua face, terei de andar fugitivo e errante pela terra, e o primeiro a encontrar-me matar-me-á".

O Senhor respondeu: "Não, se alguém matar Caim, será castigado sete vezes mais". E o Senhor marcou-o com um sinal, a fim de nunca ser morto por quem o viesse a encontrar. Caim afastou-se da presença do Senhor e foi residir na região de Nod, ao oriente do Éden» (Gn 4,2-16).

8. Caim está «muito irritado» e tem o rosto «transtornado», porque «o Senhor olhou favoravelmente para Abel e para a sua oferta» *(Gn 4,4)*. O texto bíblico não revela o motivo pelo qual Deus preferiu

o sacrifício de Abel ao de Caim; mas indica claramente que, mesmo preferindo a oferta de Abel, *não interrompe o seu diálogo com Caim*. Acautela-o, *recordando-lhe a sua liberdade frente ao mal:* o homem não está de forma alguma predestinado para o mal. Certamente, à semelhança de Adão, ele é tentado pela força maléfica do pecado que, como um animal feroz, se agacha à porta do seu coração, à espera de lançar-se sobre a presa. Mas Caim permanece livre diante do pecado. Pode e deve dominá-lo: «Cuidado, pois ele tem muita inclinação para ti, mas deves dominá-lo» *(Gn 4,7)*.

Sobre a advertência feita pelo Senhor, porém, *levam a melhor o ciúme e a ira,* e Caim atira-se contra o próprio irmão e mata-o. Como lemos no *Catecismo da Igreja Católica,* «a Sagrada Escritura, na narrativa da morte de Abel por seu irmão Caim, revela, desde os primórdios da história humana, a presença no homem da cólera e da inveja, conseqüências do pecado original. O homem tornou-se inimigo do seu semelhante».[10]

O irmão mata o irmão. Como naquele primeiro fratricídio, também em cada homicídio é violado o *parentesco «espiritual»* que congrega os homens numa única grande família,[11] sendo todos participantes do mesmo bem fundamental: a igual dignidade

---

10. N. 2259.

11. Cf. S. Ambrósio, *De Noe,* 26, 94-96: *CSEL* 32, 480-481.

pessoal. E, não raro, resulta violado também *o parentesco «da carne e do sangue»*, quando, por exemplo, as ameaças à vida se verificam ao nível do relacionamento pais e filhos, como sucede com o aborto ou quando, no mais vasto contexto familiar ou de parentela, é encorajada ou provocada a eutanásia.

Na raiz de qualquer violência contra o próximo, há *uma cedência à «lógica» do maligno,* isto é, daquele que «foi assassino desde o princípio» *(Jo* 8,44), como nos recorda o apóstolo João: «Porque esta é a mensagem que ouvistes desde o princípio: que nos amemos uns aos outros. Não seja como Caim que era do maligno, e matou o seu irmão» *(1Jo* 3,11-12). Assim o assassinato do irmão, desde os albores da história, é o triste testemunho de como o mal progride com rapidez impressionante: à revolta do homem contra Deus no paraíso terrestre segue-se a luta mortal do homem contra o homem.

Depois do crime, *Deus intervém para vingar a vítima.* Frente a Deus que o interroga sobre a sorte de Abel, Caim, em vez de se mostrar confundido e desculpar-se, esquiva-se à pergunta com arrogância: «Não sei dele. Sou, porventura, guarda do meu irmão?» *(Gn* 4,9*). «Não sei dele»:* com a mentira, Caim procura encobrir o crime. Assim aconteceu freqüentemente e continua a verificar-se quando se servem das mais diversas ideologias para justificar e mascarar os crimes mais atrozes contra a pessoa. *«Sou, porventura, guarda do meu irmão?»:* Caim não quer pensar no irmão, e recusa-se a assumir aquela responsabilidade que cada homem tem pelo outro. Saltam espontaneamente ao pensamento as tendências atuais para sonegar a responsabilidade do homem pelo seu semelhante, de que são sintomas, entre outros, a falta de solidariedade com os membros mais fracos da sociedade — como são os idosos, os doentes, os imigrantes, as crianças —, e a indiferença que tantas vezes se registra nas relações entre os povos, mesmo quando estão em jogo valores fundamentais como a sobrevivência, a liberdade e a paz.

9. Mas Deus não pode deixar impune o crime: da terra onde foi derramado, o sangue da vítima exige que ele faça justiça (cf. *Gn* 37,26; *Is* 26,21; *Ez* 24,7-8). Deste texto, a Igreja retirou a denominação de «pecados que bradam ao Céu», incluindo em primeiro lugar o homicídio voluntário.[12] Para os hebreus, como para muitos povos da antiguidade, o sangue é a sede da vida, ou melhor «o sangue é a vida» *(Dt* 12,23), e a vida, sobretudo a humana, pertence unicamente a Deus: por isso, *quem atenta contra a vida do homem, de algum modo atenta contra o próprio Deus.*

Caim é amaldiçoado por Deus como também pela terra, que lhe recusará os seus frutos (cf. *Gn* 4,11-12). E *é punido:* habitará em terras agrestes e

---

12. Cf. *Catecismo da Igreja Católica,* nn. 1867 e 2268.

desertas. A violência homicida altera profundamente o ambiente da vida do homem. A terra, que era o «jardim do Éden» *(Gn* 2,15), lugar de abundância, de serenas relações interpessoais e de amizade com Deus, torna-se o «país de Nod» *(Gn* 4,16), lugar de «miséria», de solidão e de afastamento de Deus. Caim será «fugitivo e errante pela terra» *(Gn* 4,14): dúvida e instabilidade sempre o acompanharão.

Contudo Deus, misericordioso mesmo quando castiga, «*marcou [Caim] com um sinal,* a fim de nunca ser morto por quem o viesse a encontrar» *(Gn* 4,15): põe-lhe um sinal, cujo objetivo não é condená-lo à abominação dos outros homens, mas protegê-lo e defendê-lo daqueles que o quiserem matar, ainda que seja para vingar a morte de Abel. *Nem sequer o homicida perde a sua dignidade pessoal* e o próprio Deus se constitui seu garante. E é precisamente aqui que se manifesta o *mistério paradoxal da justiça misericordiosa de Deus,* como escreve Santo Ambrósio: «Visto que tinha sido cometido um fratricídio — ou seja, o maior dos crimes —, no momento em que se introduziu o pecado, teve imediatamente de ser ampliada a lei da misericórdia divina; para que, caso o castigo atingisse imediatamente o culpado, não sucedesse que os homens, ao punirem, não usassem de qualquer tolerância nem mansidão, mas entregassem imediatamente ao castigo os culpados. (...) Deus repeliu Caim da sua presença e, renegado pelos seus pais, como que o desterrou para o exílio de uma habitação separada, pelo fato de ter passado da mansidão humana à crueldade selvagem. Todavia Deus não quer punir o homicida com um homicídio, porque prefere o arrependimento do pecador à sua morte».[13]

«Que fizeste?» (Gn 4,10): o eclipse do valor da vida

10. O Senhor disse a Caim: «Que fizeste? A voz do sangue do teu irmão clama da terra até mim» *(Gn 4,10)*. *A voz do sangue derramado pelos homens não cessa de clamar,* de geração em geração, assumindo tons e acentos sempre novos e diversos.

A pergunta do Senhor «que fizeste?», à qual Caim não se pode esquivar, é dirigida também ao homem contemporâneo, para que tome consciência da amplitude e gravidade dos atentados à vida que continuam a registrar-se na história da humanidade, para que vá à procura das múltiplas causas que os geram e alimentam, e, enfim, para que reflita com extrema seriedade sobre as conseqüências que derivam desses mesmos atentados para a existência das pessoas e dos povos.

Algumas ameaças provêm da própria natureza, mas são agravadas pelo descuido culpável e pela negligência dos homens que, não raro, lhes poderiam dar remédio; outras, ao contrário, são fruto de situações de violência, de ódio, de interesses contrapos-

13. *De Cain et Abel,* II, 10, 38: *CSEL* 32, 408.

tos, que induzem homens a agredirem outros homens com homicídios, guerras, massacres, genocídios.

Como não pensar na violência causada à vida de milhões de seres humanos, especialmente crianças, constrangidos à miséria, à subnutrição e à fome, por causa da iníqua distribuição das riquezas entre os povos e entre as classes sociais? Ou na violência inerente às guerras, e ainda antes delas, ao escandaloso comércio de armas, que favorece o torvelinho de tantos conflitos armados que ensangüentam o mundo? Ou então na sementeira de morte que se provoca com a imprudente alteração dos equilíbrios ecológicos, com a criminosa difusão da droga, ou com a promoção do uso da sexualidade segundo modelos que, além de serem moralmente inaceitáveis, acarretam ainda graves riscos para a vida? É impossível registrar de modo completo a vasta gama das ameaças à vida humana, tantas são as formas, abertas ou camufladas, de que se revestem no nosso tempo!

11. Mas queremos concentrar nossa atenção, de modo particular, sobre *outro gênero de atentados,* relativos à vida nascente e terminal, que apresentam *novas características em relação ao passado e levantam problemas de singular gravidade:* é que, na consciência coletiva, aqueles tendem a perder o caráter de «crimes» para assumir, paradoxalmente, o caráter de «direitos», a ponto de se pretender um verdadeiro e próprio *reconhecimento legal da parte do Estado e a conseqüente execução gratuita por*

intermédio dos profissionais da saúde. Tais atentados ferem a vida humana em situações de máxima fragilidade, quando se acha privada de qualquer capacidade de defesa. Mais grave ainda é o fato de serem consumados, em grande parte, mesmo no seio e por obra da família que está, pelo contrário, chamada constitutivamente a ser «santuário da vida».

Como se pôde criar semelhante situação? Há que tomar em consideração diversos fatores. Como pano de fundo, existe uma crise profunda da cultura, que gera ceticismo sobre os próprios fundamentos do conhecimento e da ética e torna cada vez mais difícil compreender claramente o sentido do homem, dos seus direitos e dos seus deveres. A isto, vêm juntar-se as mais diversas dificuldades existenciais e interpessoais, agravadas pela realidade de uma sociedade complexa, onde freqüentemente as pessoas, os casais, as famílias são deixadas sozinhas à mercê dos seus problemas. Não faltam situações de particular pobreza, angústia e exasperação, onde a luta pela sobrevivência, a dor nos limites do suportável, as violências sofridas, especialmente aquelas que investem as mulheres, tornam por vezes exigentes até ao heroísmo as opções de defesa e promoção da vida.

Tudo isto explica — pelo menos em parte — como possa o valor da vida sofrer hoje uma espécie de «eclipse», apesar da consciência não cessar de o apontar como valor sagrado e intocável; e comprova-o o próprio fenômeno de se procurar encobrir alguns crimes contra a vida nascente ou terminal com expressões de âmbito terapêutico, que desviam o olhar do fato de estar em jogo o direito à existência de uma pessoa humana concreta.

12. Com efeito, se muitos e graves aspectos da problemática social atual podem, de certo modo, explicar o clima de difusa incerteza moral e, por vezes, atenuar a responsabilidade subjetiva no indivíduo, não é menos verdade que estamos perante uma realidade mais vasta que se pode considerar como verdadeira e própria *estrutura de pecado,* caracterizada pela imposição de uma cultura anti-solidária, que em muitos casos se configura como verdadeira «cultura de morte». É ativamente promovida por fortes correntes culturais, econômicas e políticas, portadoras de uma concepção eficientista da sociedade.

Olhando as coisas deste ponto de vista, pode-se, em certo sentido, falar de uma *guerra dos poderosos contra os fracos:* a vida que requereria mais acolhimento, amor e cuidado, é reputada inútil ou considerada como um peso insuportável, e, conseqüentemente, rejeitada sob múltiplas formas. Todo aquele que, pela sua enfermidade, a sua deficiência ou, mais simplesmente ainda, a sua própria presença, põe em causa o bem-estar ou os hábitos de vida daqueles que vivem mais avantajados, tende a ser visto como um inimigo do qual defender-se ou um inimigo a eliminar. Desencadeia-se assim uma espécie de «*conjura contra a vida*». Esta não se limita apenas a tocar os indivíduos nas suas relações pessoais, familiares ou de grupo, mas alarga-se muito para além até atingir e subverter, a nível mundial, as relações entre os povos e os Estados.

13. Para facilitar a difusão do *aborto,* foram investidas — e continuam a sê-lo — somas enormes, destinadas à criação de medicamentos que tornem possível a morte do feto no ventre materno, sem necessidade de recorrer à ajuda do médico. A própria investigação científica, neste âmbito, parece quase exclusivamente preocupada em obter produtos cada vez mais simples e eficazes contra a vida e, ao mesmo tempo, capazes de subtrair o aborto a qualquer forma de controle e responsabilidade social.

Afirma-se freqüentemente que a *contracepção,* tornada segura e acessível a todos, é o remédio mais eficaz contra o aborto. E depois acusa-se a Igreja Católica de, na realidade, favorecer o aborto, porque continua obstinadamente a ensinar a ilicitude moral da contracepção.

Bem vista, porém, a objeção é falaciosa. De fato, pode acontecer que muitos recorram aos contraceptivos com a intenção também de evitar depois a tentação do aborto. Mas os pseudo-valores inerentes à «mentalidade contraceptiva» — muito diversa do exercício responsável da paternidade e maternidade, atuada no respeito pela verdade plena do ato conjugal — são tais que tornam ainda mais forte essa tentação, na eventualidade de ser concebida uma vida não desejada. De fato, a cultura pró-aborto aparece sobretudo desenvolvida nos mesmos ambientes que recusam o ensinamento da Igreja sobre a contracepção. Certo é que a contracepção e o aborto são *males especificamente diversos* do ponto de vista moral: uma contradiz a verdade integral do ato sexual enquanto expressão própria do amor conjugal, o outro destrói a vida de um ser humano; a primeira opõe-se à virtude da castidade matrimonial, o segundo opõe-se à virtude da justiça e viola diretamente o preceito divino «não matarás».

Mas, apesar de terem natureza e peso moral diversos, eles surgem, com muita freqüência, intimamente relacionados como frutos da mesma planta. É verdade que não faltam casos onde, à contracepção e ao próprio aborto se vem juntar a pressão de diversas dificuldades existenciais que, no entanto, não podem nunca exonerar do esforço de observar plenamente a lei de Deus. Mas, em muitíssimos outros casos, tais práticas afundam as suas raízes numa mentalidade hedonista e desresponsabilizadora da sexualidade, e supõem um conceito egoísta da liberdade que vê na procriação um obstáculo ao desenvolvimento da própria personalidade. A vida que poderia nascer do encontro sexual torna-se assim o inimigo que se há-de evitar absolutamente, e o aborto a única solução possível diante de uma contracepção falhada.

Infelizmente, emerge cada vez mais a estreita conexão que existe, a nível de mentalidade, entre as práticas da contracepção e do aborto, como o demonstra, de modo alarmante, a produção de medicamentos, dispositivos intra-uterinos e preservativos, os quais, distribuídos com a mesma facilidade dos contraceptivos, atuam na prática como abortivos nos primeiros dias de desenvolvimento da vida do novo ser humano.

14. Também as várias *técnicas de reprodução artificial,* que pareceriam estar a serviço da vida e que, não raro, são praticadas com essa intenção, na realidade abrem a porta a novos atentados contra a vida. Para além do fato de serem moralmente inaceitáveis, porquanto separam a procriação do contexto integralmente humano do ato conjugal,[14] essas técnicas registram altas percentagens de insucesso: este diz respeito não tanto à fecundação como sobretudo ao desenvolvimento sucessivo do embrião, sujeito ao risco de morte em tempos geralmente muito breves. Além disso, são produzidos às vezes embriões em número superior ao necessário para a implantação no útero da mulher e esses, chamados «embriões supranumerários», são depois suprimidos ou utilizados para pesquisas que, a pretexto de progresso científico ou médico, na realidade reduzem a vida humana a simples «material biológico», de que se pode livremente dispor.

---

14. Cf. Congregação para a Doutrina da Fé, Instrução sobre o respeito da vida humana nascente e a dignidade da procriação *Donum vitae: AAS* 80 (1988), 70-102.

Os *diagnósticos pré-natais,* que não apresentam dificuldades morais quando feitos para individuar a eventualidade de curas necessárias à criança ainda no seio materno, tornam-se, com muita freqüência, ocasião para propor e solicitar o aborto. É o aborto eugênico, cuja legitimação, na opinião pública, nasce de uma mentalidade — julgada, erradamente, coerente com as exigências «terapêuticas» — que acolhe a vida apenas sob certas condições, e que recusa a limitação, a deficiência, a enfermidade.

Seguindo a mesma lógica, chegou-se a negar os cuidados ordinários mais elementares, mesmo até a alimentação, a crianças nascidas com graves deficiências ou enfermidades. E o cenário contemporâneo apresenta-se ainda mais desconcertante com as propostas — avançadas aqui e além — para, na mesma linha do direito ao aborto, se legitimar até o *infanticídio,* retornando assim a um estado de barbárie que se esperava superado para sempre.

15. Ameaças não menos graves pesam também sobre os *doentes incuráveis* e os *doentes terminais,* num contexto social e cultural que, tornando mais difícil enfrentar e suportar o sofrimento, aviva a *tentação de resolver o problema do sofrimento eliminando-o pela raiz,* com a antecipação da morte para o momento considerado mais oportuno.

Para tal decisão concorrem, muitas vezes, elementos de natureza diversa, mas infelizmente convergentes para essa terrível saída. Pode ser decisivo, na pessoa doente, o sentimento de angústia, exasperação, ou até desespero, provocado por uma experiência de dor intensa e prolongada. Vêem-se, assim, duramente postos à prova os equilíbrios, por vezes já abalados, da vida pessoal e familiar, de maneira que, por um lado, o doente, não obstante os auxílios cada vez mais eficazes da assistência médica e social, corre o risco de se sentir esmagado pela própria fragilidade; por outro lado, naqueles que lhe estão afetivamente ligados, pode gerar-se um sentimento de compreensível, ainda que mal-entendida, compaixão. Tudo isto fica agravado por uma atmosfera cultural que não vê qualquer significado nem valor no sofrimento, antes considera-o como o mal por excelência, que se há de eliminar a todo custo; isto verifica-se especialmente quando não se possui uma visão religiosa que ajude a decifrar positivamente o mistério da dor.

Mas, no conjunto do horizonte cultural, não deixa de incidir também uma espécie de atitude prometêica do homem que, desse modo, se ilude de poder apropriar-se da vida e da morte para decidir delas, quando na realidade acaba derrotado e esmagado por uma morte irremediavelmente fechada a qualquer perspectiva de sentido e a qualquer esperança. Uma trágica expressão de tudo isto, encontramo-la na difusão da *eutanásia,* ora mascarada e subreptícia, ora atuada abertamente e até legalizada. Para além do motivo de presumida compaixão diante da dor do paciente, às vezes, pretende-se justificar a eutanásia também com uma razão utilitarista, isto é, para evitar despesas improdutivas demasiado gravosas para a sociedade. Propõe-se, assim, a supressão dos recém-nascidos defeituosos, dos deficientes graves, dos inválidos, dos idosos, sobretudo quando não auto-suficientes, e dos doentes terminais. Nem nos é lícito calar frente a outras formas mais astuciosas, mas não menos graves e reais, de eutanásia, como são as que se poderiam verificar, por exemplo, quando, para aumentar a disponibilidade de material para transplantes, se procedesse à extração dos órgãos sem respeitar os critérios objetivos e adequados de comprovação da morte do doador.

16. Outro motivo atual, que freqüentemente é acompanhado por ameaças e atentados à vida, é o *fenômeno demográfico*. Este reveste aspectos diversos, nas várias partes do mundo: nos países ricos e desenvolvidos, registra-se uma preocupante diminuição ou queda da natalidade; os países pobres, ao contrário, apresentam em geral uma elevada taxa de aumento da população, dificilmente suportável num contexto de menor progresso econômico e social, ou até de grave subdesenvolvimento. Face ao superpovoamento dos países pobres, verifica-se, a nível internacional, a falta de intervenções globais — sérias políticas familiares e sociais, programas de crescimento cultural e de justa produção e distribuição dos recursos — enquanto se continuam a atuar políticas anti-natalistas.

Devendo, sem dúvida, incluir-se a contracepção, a esterilização e o aborto entre as causas que contribuem para determinar as situações de forte queda da natalidade, pode ser fácil a tentação de recorrer aos mesmos métodos e atentados contra a vida, nas situações de «explosão demográfica».

O antigo Faraó, sentindo como um íncubo a presença e a multiplicação dos filhos de Israel, sujeitou-os a todo tipo de opressão e ordenou que fossem mortas todas as crianças do sexo masculino (cf. *Ex* 1,7-22). Do mesmo modo se comportam hoje muitos poderosos da terra.

Também estes vêem como um íncubo o crescimento demográfico em ato, e temem que os povos mais prolíferos e mais pobres representem uma ameaça para o bem-estar e a tranqüilidade dos seus países. Conseqüentemente, em vez de procurarem enfrentar e resolver estes graves problemas dentro do respeito da dignidade das pessoas e das famílias e do inviolável direito de cada homem à vida, preferem promover e impor, por qualquer meio, um maciço planejamento da natalidade. As próprias ajudas econômicas, que se dizem dispostos a dar, ficam injustamente condicionadas à aceitação desta política antinatalista.

17. A humanidade de hoje oferece-nos um espetáculo verdadeiramente alarmante, se pensarmos não só aos diversos âmbitos em que se realizam os atentados à vida, mas também à singular dimensão nu-

mérica dos mesmos, bem como ao múltiplo e poderoso apoio que lhes é dado pelo amplo consenso social, pelo freqüente reconhecimento legal, pelo envolvimento de uma parte dos profissionais da saúde.

Como senti dever bradar em Denver, por ocasião do VIII Dia Mundial da Juventude, «com o tempo, as ameaças contra a vida não diminuíram. Elas, ao contrário, assumem dimensões enormes. Não se trata apenas de ameaças vindas do exterior, de forças da natureza ou dos "Cains" que assassinam os "Abéis"; não, trata-se de *ameaças programadas de maneira científica e sistemática*. O século XX ficará considerado uma época de ataques maciços contra a vida, uma série infindável de guerras e um massacre permanente de vidas humanas inocentes. Os falsos profetas e os falsos mestres conheceram o maior sucesso possível».[15] Para além das intenções, que podem ser várias e quiçá assumir formas persuasivas em nome até da solidariedade, a verdade é que estamos perante uma objetiva *«conjura contra a vida»* que vê também implicadas Instituições Internacionais, empenhadas a encorajar e programar verdadeiras e próprias campanhas para difundir a contracepção, a esterilização e o aborto. Não se pode negar, enfim, que os meios de comunicação são freqüentemente cúmplices dessa conjura, ao abonarem junto

15. Discurso durante a Vigília de Oração no VIII Dia Mundial da Juventude (14 de agosto de 1993), II, 3: *AAS* 86 (1994), 419.

da opinião pública aquela cultura que apresenta o recurso à contracepção, à esterilização, ao aborto e à própria eutanásia como sinal do progresso e conquista da liberdade, enquanto descrevem como inimigas da liberdade e do progresso as posições incondicionalmente a favor da vida.

«*Sou, porventura, guarda do meu irmão?*» *(Gn 4,9)*: *uma noção perversa de liberdade*

18. O panorama descrito requer ser conhecido não somente nos fenômenos de morte que o caracterizam, mas também nas *múltiplas causas* que o determinam. A pergunta do Senhor «que fizeste?» *(Gn 4,10)* quase parece um convite dirigido a Caim para que, ultrapassando a materialidade do gesto homicida, veja toda a gravidade nas *motivações* que estão na sua origem e nas *conseqüências* que dele derivam.

As opções contra a vida nascem, às vezes, de situações difíceis ou mesmo dramáticas de profundo sofrimento, de solidão, de carência total de perspectivas econômicas, de depressão e de angústia pelo futuro. Estas circunstâncias podem atenuar, mesmo até notavelmente, a responsabilidade subjetiva e, conseqüentemente, a culpabilidade daqueles que realizam tais opções em si mesmas criminosas. Hoje, todavia, o problema estende-se muito para além do reconhecimento, sempre necessário, destas situações pessoais. Põe-se também no plano cultural, social e político, onde apresenta o seu aspecto mais subversivo e perturbador na tendência, cada vez mais largamente compartilhada, de interpretar os mencionados crimes contra a vida como *legítimas expressões da liberdade individual, que hão de ser reconhecidas e protegidas como verdadeiros e próprios direitos.*

Chega assim a uma viragem de trágicas conseqüências, um longo processo histórico, o qual, depois de ter descoberto o conceito de «direitos humanos» — como direitos inerentes a cada pessoa e anteriores a qualquer Constituição e legislação dos Estados —, incorre hoje numa *estranha contradição:* precisamente numa época em que se proclamam solenemente os direitos invioláveis da pessoa e se afirma publicamente o valor da vida, o próprio direito à vida é praticamente negado e espezinhado, particularmente nos momentos mais emblemáticos da existência, como são o nascer e o morrer.

Por um lado, as várias declarações dos direitos do homem e as múltiplas iniciativas que nelas se inspiram, indicam a consolidação a nível mundial de uma sensibilidade moral mais diligente em reconhecer o valor e a dignidade de cada ser humano enquanto tal, sem qualquer distinção de raça, nacionalidade, religião, opinião política, estrato social.

Por outro lado, a estas nobres proclamações contrapõem-se, infelizmente nos fatos, a sua trágica negação. Esta é ainda mais desconcertante, antes mais escandalosa, precisamente porque se realiza numa sociedade que faz da afirmação e tutela dos direitos humanos o seu objetivo principal e, conjuntamente, o seu título de glória. Como pôr de acordo essas repetidas afirmações de princípio com a contínua multiplicação e a difusa legitimação dos atentados à vida humana? Como conciliar estas declarações com a recusa do mais fraco, do mais carente, do idoso, daquele que acaba de ser concebido? Estes atentados encaminham-se exatamente na direção contrária à do respeito pela vida e representam uma *ameaça frontal a toda a cultura dos direitos do homem*. É uma ameaça capaz, em última análise, de pôr em risco o próprio significado da convivência democrática: *de sociedade de «con-viventes», as nossas cidades correm o risco de passar a sociedade de excluídos*, marginalizados, desarraigados e suprimidos. Se depois o olhar se alarga ao horizonte mundial, como não pensar que a afirmação dos direitos das pessoas e dos povos, verificada em altas reuniões internacionais, se reduz a um estéril exercício retórico, se lá não é desmascarado o egoísmo dos países ricos que fecham aos países pobres o acesso ao desenvolvimento ou o condicionam a proibições absurdas de procriação, contrapondo o progresso ao homem? Porventura não é de pôr em discussão os próprios modelos econômicos, adotados pelos Estados freqüentemente também por pressões e condicionamentos de caráter internacional, que geram e alimentam situações de injustiça e violência, nas quais a vida humana de populações inteiras fica degradada e espezinhada?

19. Onde estão as *raízes de uma contradição tão paradoxal?*

Podemos individuá-las em avaliações globais de ordem cultural e moral, a começar daquela mentalidade que, *exasperando e até deformando o conceito de subjetividade, só* reconhece como titular de direitos quem se apresente com plena ou, pelo menos, incipiente autonomia e esteja fora da condição de total dependência dos outros. Mas, como conciliar tal impostação com a *exaltação do homem enquanto ser «não-disponível»*? A teoria dos direitos humanos funda-se precisamente na consideração do fato de o homem, ao contrário dos animais e das coisas, não poder estar sujeito ao domínio de ninguém. Deve-se acenar ainda àquela lógica que tende a *identificar a dignidade pessoal com a capacidade de comunicação verbal e explícita* e, em todo o caso, experimentável. Claro que, com tais pressupostos, não há espaço no mundo para quem, como o nascituro ou o doente terminal, é um sujeito estruturalmente fraco, parece totalmente à mercê de outras pessoas e radicalmente dependente delas, e sabe comunicar apenas mediante a linguagem muda de uma profunda simbiose de afetos. Assim a força torna-se o critério de decisão e de ação, nas relações interpessoais e na convivência social. Mas isto é precisamente o contrário daquilo que, historicamente, quis afirmar o Estado de direito, como comunidade onde as «razões da força» são substituídas pela «força da razão».

A outro nível, as raízes da contradição que se verifica entre a solene afirmação dos direitos do homem e a sua trágica negação na prática, residem numa *concepção da liberdade* que exalta o indivíduo de modo absoluto e não o predispõe para a solidariedade, o pleno acolhimento e serviço do outro. Se é certo que, por vezes, a supressão da vida nascente ou terminal aparece também matizada com um sentido equivocado de altruísmo e de compaixão humana, não se pode negar que tal cultura de morte, no seu todo, manifesta uma concepção da liberdade totalmente individualista que acaba por ser a liberdade dos «mais fortes» contra os fracos, destinados a sucumbir.

Precisamente neste sentido, se pode interpretar a resposta de Caim à pergunta do Senhor «onde está Abel, teu irmão?»: «Não sei dele. Sou, porventura, guarda do meu irmão?» *(Gn 4,9)*. Sim, todo homem é «guarda do seu irmão», porque Deus confia o homem ao homem. E é tendo em vista também tal entrega que Deus dá a cada homem a liberdade, que possui uma *dimensão relacional essencial*. Trata-se de um grande dom do Criador, quando colocada como deve ser a serviço da pessoa e de sua realização mediante o dom de si e o acolhimento do outro; quando, pelo contrário, a liberdade é absolutizada em chave individualista, fica esvaziada do seu conteúdo originário e contestada na sua própria vocação e dignidade.

Mas há um aspecto ainda mais profundo a sublinhar: a liberdade renega-se a si mesma, autodestrói-se e predispõe-se à eliminação do outro, quando deixa de reconhecer e respeitar a sua *ligação constitutiva com a verdade*. Todas as vezes que a razão humana, querendo emancipar-se de toda e qualquer tradição e autoridade, se fecha até às evidências primárias de uma verdade objetiva e comum, fundamento da vida pessoal e social, a pessoa acaba por assumir como única e indiscutível referência para as próprias decisões, não já a verdade sobre o bem e o mal, mas apenas a sua subjetiva e volúvel opinião ou, simplesmente, o seu interesse egoísta e o seu capricho.

20. Nesta concepção da liberdade, *a convivência social fica profundamente deformada*. Se a promoção do próprio eu é vista em termos de autonomia absoluta, inevitavelmente chega-se à negação do outro, visto como um inimigo de quem defender-se. Deste modo, a sociedade torna-se um conjunto de indivíduos, colocados uns ao lado dos outros, mas sem laços recíprocos: cada um quer afirmar-se independentemente do outro, mais, quer fazer prevalecer os seus interesses. Todavia, na presença de análogos interesses da parte do outro, terá de se render a procurar qualquer forma de compromisso, se se quer que, na sociedade, seja garantido a cada um o máximo de liberdade possível. Deste modo, diminui toda referência a valores comuns e a uma verdade absoluta para todos: a vida social aventura-se pelas areias

movediças de um relativismo total. Então, *tudo é convencional, tudo é negociável:* inclusive o primeiro dos direitos fundamentais, o da vida.

É aquilo que realmente acontece, mesmo no âmbito mais especificamente político e estatal: o primordial e inalienável direito à vida é posto em discussão ou negado com base num voto parlamentar ou na vontade de uma parte — mesmo que seja maioritária — da população. É o resultado nefasto de um relativismo que reina incontestado: o próprio «direito» deixa de o ser, porque já não está solidamente fundado sobre a inviolável dignidade da pessoa, mas fica sujeito à vontade do mais forte. Deste modo e para descrédito das suas regras, a democracia caminha pela estrada de um substancial totalitarismo. O Estado deixa de ser a «casa comum», onde todos podem viver segundo princípios de substancial igualdade, e transforma-se num *Estado tirano,* que presume de poder dispor da vida dos mais fracos e indefesos, desde a criança ainda não nascida até ao idoso, em nome de uma utilidade pública que, na realidade, não é senão o interesse de alguns.

Tudo parece acontecer no mais firme respeito da legalidade, pelo menos quando as leis, que permitem o aborto e a eutanásia, são votadas segundo as chamadas regras democráticas. Na verdade, porém, estamos perante uma mera e trágica aparência de legalidade, e o ideal democrático, que é verdadeiramente tal apenas quando reconhece e tutela a dignidade de toda pessoa humana, *é atraiçoado nas suas próprias bases:* «Como é possível falar ainda de dignidade de toda pessoa humana, quando se permite matar a mais fraca e a mais inocente? Em nome de qual justiça se realiza a mais injusta das discriminações entre as pessoas, declarando algumas dignas de ser defendidas, enquanto a outras esta dignidade é negada?»[16] Quando se verificam tais condições, estão já desencadeados aqueles mecanismos que levam à dissolução da convivência humana autêntica e à desagregação da própria realidade estatal.

Reivindicar o direito ao aborto, ao infanticídio, à eutanásia, e reconhecê-lo legalmente, equivale a atribuir à liberdade humana um *significado perverso e iníquo:* o significado de um *poder absoluto sobre os outros e contra os outros.* Mas isto é a morte da verdadeira liberdade: «Em verdade, em verdade vos digo: todo aquele que comete o pecado é escravo do pecado» (Jo 8,34).

«Obrigado a ocultar-me longe da tua face» (Gn 4,14): o eclipse do sentido de Deus e do homem

21. Quando se procuram as raízes mais profundas da luta entre a «cultura da vida» e a «cultura da morte», não podemos deter-nos na noção perversa

16. JOÃO PAULO II, Discurso aos participantes no Encontro de Estudos sobre «O direito à vida e a Europa» (18 de dezembro de 1987): *Insegnamenti* X/3 (1987), 1446-1447.

de liberdade acima referida. É necessário chegar ao coração do drama vivido pelo homem contemporâneo: o *eclipse do sentido de Deus e do homem,* típico de um contexto social e cultural dominado pelo secularismo que, com os seus tentáculos invasivos, não deixa às vezes de pôr à prova as próprias comunidades cristãs. Quem se deixa contagiar por esta atmosfera, entra facilmente na voragem de um terrível círculo vicioso: *perdendo o sentido de Deus, tende-se a perder também o sentido do homem,* da sua dignidade e da sua vida; por sua vez, a sistemática violação da lei moral, especialmente na grave matéria do respeito da vida humana e da sua dignidade, produz uma espécie de ofuscamento progressivo da capacidade de enxergar a presença vivificante e salvífica de Deus.

Podemos, mais uma vez, inspirar-nos na narração da morte de Abel provocada pelo seu irmão. Depois da maldição infligida por Deus a Caim, este dirige-se ao Senhor dizendo: «A minha culpa é grande demais para obter perdão. Expulsas-me hoje desta terra; *obrigado a ocultar-me longe da tua face,* e serei um errante fugitivo sobre a terra, e o primeiro a encontrar-me matar-me-á» *(Gn* 4,13-14).

Caim pensa que o seu pecado não poderá obter perdão do Senhor e que o seu destino inevitável será «ocultar-se longe» dele. Se Caim chega a confessar que a sua culpa é «grande demais», é por saber que se encontra diante de Deus e do seu justo juízo. Na realidade, só diante do Senhor é que o homem pode reconhecer o seu pecado e perceber toda a sua gravidade. Tal foi a experiência de Davi, que, depois «de ter feito o que é mal aos olhos do Senhor» e de ser repreendido pelo profeta Natã (cf. *2Sm* 11-12), exclama: «Eu reconheço os meus pecados, e as minhas culpas tenho-as sempre diante de mim. Pequei contra vós, só contra vós, e fiz o mal diante dos vossos olhos» *(Sl* 51/50,5-6).

22. Por isso, quando declina o sentido de Deus, também o sentido do homem fica ameaçado e adulterado, como afirma de maneira lapidar o Concílio Vaticano II: «Sem o Criador, a criatura não subsiste. (...) Antes, se se esquece Deus, a própria criatura se obscurece».[17] O homem deixa de conseguir sentir-se como «misteriosamente outro» face às diversas criaturas terrenas; considera-se apenas como um de tantos seres vivos, como um organismo que, no máximo, atingiu um estado muito elevado de perfeição. Fechado no estreito horizonte da sua dimensão física, reduz-se de certo modo a «uma coisa», deixando de captar o caráter «transcendente» do seu «existir como homem». Deixa de considerar a vida como um dom esplêndido de Deus, uma realidade «sagrada» confiada à sua responsabilidade e, conseqüentemente, à sua amorosa defesa, à sua «veneração». A vida torna-se simplesmente «uma coisa», que ele reivindica como sua exclusiva propriedade, que pode plenamente dominar e manipular.

17. Const. past. sobre a Igreja no mundo contemporâneo *Gaudium et spes,* 36.

Assim, diante da vida que nasce e da vida que morre, o homem já não é capaz de se deixar interrogar sobre o sentido mais autêntico da sua existência, assumindo com verdadeira liberdade estes momentos cruciais do próprio «ser». Preocupa-se somente com o «fazer», e, recorrendo a qualquer forma de tecnologia, moureja a programar, controlar e dominar o nascimento e a morte. Estes acontecimentos, em vez de experiências primordiais que requerem ser «vividas», tornam-se coisas que se pretende simplesmente «possuir» ou «rejeitar».

Aliás, uma vez excluída a referência a Deus, não surpreende que o sentido de todas as coisas resulte profundamente deformado, e a própria natureza, já não vista como *mater* [mãe], fique reduzida a «material» sujeito a todas as manipulações. A isto parece conduzir certa mentalidade técnico-científica, predominante na cultura contemporânea, que nega a idéia mesma de uma verdade própria da criação que se há de reconhecer, ou de um desígnio de Deus sobre a vida que temos de respeitar. E isto não é menos verdade, quando a angústia pelos resultados de tal «liberdade sem lei» induz alguns à exigência oposta de uma «lei sem liberdade», como sucede, por exemplo, em ideologias que contestam a legitimidade de qualquer forma de intervenção sobre a natureza, como que em nome de uma sua «divinização», o que uma vez mais menospreza a sua dependência do desígnio do Criador.

Na realidade, vivendo «como se Deus não existisse», o homem perde o sentido não só do mistério de Deus, mas também do mistério do mundo, e do mistério do seu próprio ser.

23. O eclipse do sentido de Deus e do homem conduz inevitavelmente ao *materialismo prático*, no qual prolifera o individualismo, o utilitarismo e o hedonismo. Também aqui se manifesta a validade perene daquilo que escreve o Apóstolo: «Como não procuraram ter de Deus conhecimento perfeito, entregou-os Deus a um sentimento pervertido, a fim de que fizessem o que não convinha *(Rm* 1,28). Assim os valores do *ser* ficam substituídos pelos do *ter*.

O único fim que conta, é a busca do próprio bem-estar material. A chamada «qualidade de vida» é interpretada prevalente ou exclusivamente como eficiência econômica, consumismo desenfreado, beleza e prazer da vida física, esquecendo as dimensões mais profundas da existência, como são as interpessoais, espirituais e religiosas.

Em tal contexto, o *sofrimento* — peso inevitável da existência humana, mas também fator de possível crescimento pessoal —, é «deplorado», rejeitado como inútil, ou mesmo combatido como mal a evitar sempre e por todos os modos. Quando não é possível superá-lo e a perspectiva de um bem-estar, pelo menos futuro, se desvanece, parece então que a vida perdeu todo o significado e cresce no homem a tentação de reivindicar o direito à sua eliminação.

Sempre no mesmo horizonte cultural, o *corpo* deixa de ser visto como realidade tipicamente pessoal, sinal e lugar da relação com os outros, com Deus e com o mundo. Fica reduzido à dimensão puramente material: é um simples complexo de órgãos, funções e energias, que há de ser usado segundo critérios de mero prazer e eficiência. Conseqüentemente, também a *sexualidade* fica despersonalizada e instrumentalizada: em lugar de ser sinal, lugar e linguagem do amor, ou seja, do dom de si e do acolhimento do outro na riqueza global da pessoa, torna-se cada vez mais ocasião e instrumento de afirmação do próprio eu e de satisfação egoísta dos próprios desejos e instintos. Deste modo se deforma e falsifica o conteúdo original da sexualidade humana, e os seus dois significados — unitivo e procriativo —, inerentes à própria natureza do ato conjugal, acabam artificialmente separados: assim a união é atraiçoada e a fecundidade fica sujeita ao arbítrio do homem e da mulher. A *geração* torna-se, então, o «inimigo» a evitar no exercício da sexualidade: quando aceita, é apenas porque exprime o próprio desejo ou mesmo a determinação de ter o filho «a todo o custo», e não já porque significa total acolhimento do outro e, por conseguinte, abertura à riqueza de vida que o filho é portador.

Na perspectiva materialista até aqui descrita, *as relações interpessoais experimentam um grave empobrecimento*. E os primeiros a sofrerem os danos são a mulher, a criança, o enfermo ou atribulado, o idoso. O critério próprio da dignidade pessoal — isto é, o do respeito, do altruísmo e do serviço — é substituído pelo critério da eficiência, do funcional e da utilidade: o outro é apreciado não por aquilo que «é», mas por aquilo que «tem, faz e rende». É a supremacia do mais forte sobre o mais fraco.

24. É *no íntimo da consciência moral* que se consuma o eclipse do sentido de Deus e do homem, com todas as suas múltiplas e funestas conseqüências sobre a vida. Em questão está, antes de mais, a consciência *de cada pessoa*, onde esta, na sua unicidade e irrepetibilidade, se encontra a sós com Deus.[18] Mas, em certo sentido, é posta em questão também a «consciência moral» *da sociedade:* esta é, de algum modo, responsável, não só porque tolera ou favorece comportamentos contrários à vida, mas também porque alimenta a «cultura da morte», chegando a criar e consolidar verdadeiras e próprias «estruturas de pecado» contra a vida. A consciência moral, tanto do indivíduo como da sociedade, está hoje — devido também à influência invasora de muitos meios de comunicação social —, exposta a um *perigo gravíssimo e mortal:* o perigo da *confusão entre o bem e o mal,* precisamente no que se refere ao fundamental direito à vida. Uma parte significativa da sociedade atual revela-se tristemente semelhante àquela humanidade que Paulo descreve na Carta aos

---

18. Cf. *Ibid.*, 16.

Romanos. É feita «de homens que sufocam a verdade na injustiça» (1,18): tendo renegado Deus e julgando poder construir a cidade terrena sem ele, «desvaneceram nos seus pensamentos», pelo que «se obscureceu o seu insensato coração» (1,21); «considerando-se sábios, tornaram-se tolos» (1,22), fizeram-se autores de obras dignas de morte, e «não só as cometem, como também aprovam os que as praticam» (1,32). Quando a consciência, esse luminoso olhar da alma (cf. *Mt* 6,22-23), chama «bem ao mal e mal ao bem» (*Is* 5,20), está já no caminho da sua degeneração mais preocupante e da mais tenebrosa cegueira moral.

Mas todos esses condicionalismos e tentativas de impor silêncio não conseguem sufocar a voz do Senhor, que ressoa na consciência de cada homem: é sempre deste sacrário íntimo da consciência que pode recomeçar um novo caminho de amor, de acolhimento e de serviço à vida humana.

«Vós vos aproximastes do sangue de aspersão» (cf. *Hb* 12,22.24): *sinais de esperança e convite ao compromisso*

25. «A voz do sangue do teu irmão clama da terra até mim!» (*Gn* 4,10). Não é só a voz do sangue de Abel, o primeiro inocente morto, a gritar por Deus, fonte e defensor da vida. Também o sangue de todos os outros homens, assassinados depois de Abel, é

voz que brada ao Senhor. De uma forma absolutamente única, porém, grita a Deus *a voz do sangue de Cristo,* de quem Abel, na sua inocência, é figura profética, como nos recorda o autor da Carta aos Hebreus: «Vós, porém, vos aproximastes do monte de Sião, da cidade do Deus vivo, (...) de Jesus, o Mediador da Nova Aliança, e de um sangue de aspersão que fala melhor do que o de Abel» (12,22.24).

É o *sangue de aspersão.* Símbolo e sinal prefigurador dele fora o sangue dos sacrifícios da Antiga Aliança, com os quais Deus exprimia a vontade de comunicar a sua vida aos homens, purificando-os e consagrando-os (cf. *Ex* 24,8; *Lv* 17,11). Agora em Cristo, tudo isso se cumpre e realiza: o dele é o sangue de aspersão que redime, purifica e salva; é o sangue do Mediador da Nova Aliança, «derramado por muitos, em remissão dos pecados» *(Mt* 26,28). Este sangue, que brota do peito trespassado de Cristo na Cruz (cf. *Jo* 19,34), «fala melhor» do que o sangue de Abel; aquele, com efeito, exprime e exige uma «justiça» mais profunda, mas sobretudo implora misericórdia,[19] torna-se junto do Pai intercessão pelos irmãos (cf. *Hb* 7,25), é fonte de perfeita redenção e dom de vida nova.

O sangue de Cristo, ao mesmo tempo que revela a grandeza do amor do Pai, *manifesta também como o homem é precioso aos olhos de Deus e quão*

---

19. Cf. S. GREGÓRIO MAGNO, *Moralia in Job,* 13,23: *CCL* 143/A, 683.

inestimável seja o valor da sua vida. Isto mesmo nos recorda o apóstolo Pedro: «Sabei que fostes resgatados da vossa vã maneira de viver, recebida por tradição dos vossos pais, não a preço de coisas corruptíveis, prata ou ouro, mas pelo sangue precioso de Cristo, como de um cordeiro imaculado e sem defeito algum» (*1Pd* 1,18-19). Contemplando precisamente o sangue precioso de Cristo, sinal da sua doação de amor (cf. *Jo* 13,1), o crente aprende a reconhecer e a apreciar a dignidade quase divina de cada homem, e pode exclamar com incessante e agradecida admiração: «Que grande valor deve ter o homem aos olhos do Criador, se "mereceu tão grande Redentor" (Precônio Pascal), se "Deus deu o seu Filho", para que ele, o homem, "não pereça, mas tenha a vida eterna" (cf. *Jo* 3,16)»![20]

Além disso, o sangue de Cristo revela ao homem que a sua grandeza e, conseqüentemente, a sua vocação consiste no *dom sincero de si*. Precisamente porque é derramado como dom de vida, o sangue de Jesus já não é sinal de morte, de separação definitiva dos irmãos, mas instrumento de uma comunhão que é riqueza de vida para todos. Quem, no sacramento da Eucaristia, bebe este sangue e permanece em Jesus (cf. *Jo* 6,56), vê-se associado ao mesmo dinamismo de amor e doação de vida dele, para levar à plenitude a primordial vocação ao amor que é própria de cada homem (cf. *Gn* 1,27; 2,18-24).

20. JOÃO PAULO II, Carta enc. *Redemptor hominis* (4 de março de 1979), n. 10: *AAS* 71 (1979), 274.

É, enfim, do sangue de Cristo que todos os homens recebem *a força para se empenharem a favor da vida*. Precisamente esse sangue é o motivo mais forte de esperança, melhor, *é o fundamento da certeza absoluta de que, segundo o desígnio de Deus, a vitória será da vida*. «Nunca mais haverá morte» — exclama a voz poderosa que sai do trono de Deus na Jerusalém celeste (*Ap* 21,4). E São Paulo assegura-nos que a vitória atual sobre o pecado é sinal e antecipação da vitória definitiva sobre a morte, quando «se cumprirá o que está escrito: "A morte foi tragada pela vitória. Onde está, ó morte, a tua vitória? Onde está, ó morte, o teu aguilhão?"» (*1Cor* 15,54-55).

26. Na realidade, não faltam prenúncios desta vitória nas nossas sociedade e culturas, apesar de marcadas tão fortemente pela «cultura da morte». Dar-se-ia, por conseguinte, uma imagem unilateral que poderia induzir a um estéril desânimo, se a denúncia das ameaças contra a vida não fosse acompanhada pela apresentação dos *sinais positivos,* operantes na atual situação da humanidade.

Infelizmente, estes sinais positivos têm com freqüência dificuldade em manifestar-se e ser reconhecidos, talvez também porque não recebem adequada atenção dos meios de comunicação social. Mas quantas iniciativas de ajuda e amparo às pessoas mais fracas e indefesas surgiram — e continuam a surgir — na comunidade cristã e na sociedade, a nível local, nacional e internacional, por obra de indivíduos, grupos, movimentos e organizações de todo tipo!

Muitos são ainda os esposos que, com generosa responsabilidade, sabem acolher os filhos como «o maior dom do matrimônio».[21] E não faltam famíllas que, para além do seu serviço cotidiano à vida, sabem também abrir-se ao acolhimento de crianças abandonadas, de adolescentes e jovens em dificuldade, de pessoas inválidas, de idosos que vivem na solidão. Numerosos são os *centros de ajuda à vida* ou instituições análogas, dinamizadas por pessoas e grupos que, com admirável dedicação e sacrifício, oferecem apoio moral e material às mães em dificuldade, tentadas a recorrer ao aborto. Surgem e multiplicam-se ainda os *grupos de voluntários*, empenhados em dar hospitalidade a quem não tem família, encontra-se em condições de particular dificuldade ou precisa de reencontrar um ambiente educativo que o ajude a superar hábitos destrutivos e recuperar o sentido da vida.

A *medicina*, promovida com grande empenho por investigadores e profissionais, prossegue no seu esforço por encontrar remédios cada vez mais eficazes: resultados, antes totalmente impensáveis e capazes de abrir promissoras perspectivas, são hoje obtidos em favor da vida nascente, das pessoas que sofrem e dos doentes em fase grave ou terminal. Vá-

---

21. CONC. ECUM. VAT. II, Const. past. sobre a Igreja no mundo contemporâneo *Gaudium et spes,* 50.

rias entidades e organizações se mobilizam para levar aos países mais atingidos pela miséria e por doenças crônicas, tais benefícios da medicina mais avançada. Do mesmo modo, associações nacionais e internacionais de médicos movem-se rapidamente, para prestar socorro às populações provadas por calamidades naturais, epidemias ou guerras. Apesar de estar ainda longe da sua plena consecução uma verdadeira justiça internacional na partilha dos recursos médicos, como não reconhecer, nos passos até agora dados, o sinal de crescente solidariedade entre os povos, de apreciável sensibilidade humana e moral, e de maior respeito pela vida?

27. Face a legislações que permitiram o aborto e a tentativas, aqui e lá concretizadas, de legalizar a eutanásia, surgiram em todo o mundo *movimentos e iniciativas de sensibilização social a favor da* vida. Quando estes movimentos, de acordo com a sua inspiração autêntica, agem com determinada firmeza, mas sem recorrer à violência, então eles favorecem uma tomada de consciência mais ampla e profunda do valor da vida, fazem apelo e realizam um empenho mais decisivo em sua defesa.

Como não recordar, além disso, *todos aqueles gestos diários de acolhimento, de sacrifício, de cuidado desinteressado,* que um número incalculável de pessoas realiza com amor nas famílias, nos hospitais, nos orfanatos, nos lares da terceira idade, e em outros centros ou comunidades em defesa da vida?

A Igreja, deixando-se guiar pelo exemplo de Jesus, «bom samaritano» (cf. *Lc* 10,29-37), e sustentada pela sua força, sempre esteve em primeira fila nestes confins da caridade: muitos dos seus filhos e filhas, especialmente religiosas e religiosos, em formas antigas e novas, consagraram e continuam a consagrar a sua vida a Deus, dando-a por amor do próximo mais fraco e necessitado.

Estes gestos constroem em profundidade aquela «civilização do amor e da vida», sem a qual a existência das pessoas e da sociedade perde o seu significado humano mais autêntico. Ainda que ninguém os notasse, e ficassem escondidos aos olhos dos outros, a fé assegura que o Pai, «que vê no segredo» *(Mt* 6,4), saberá não só recompensá-los, mas também torná-los desde já fecundos de frutos duradouros para todos.

Entre os sinais de esperança, há que incluir ainda o crescimento, em muitos estratos da opinião pública, de *uma nova sensibilidade cada vez mais contrária à guerra* como instrumento de solução dos conflitos entre os povos, e sempre mais inclinada à busca de instrumentos eficazes, mas «não violentos», para bloquear o agressor armado. No mesmo horizonte, se coloca igualmente *a aversão cada vez mais difusa na opinião pública à pena de morte* — mesmo vista só como instrumento de «legítima defesa» social —, tendo em consideração as possibilidades que uma sociedade moderna dispõe para reprimir eficazmente o crime, de forma que, enquanto torna inofensivo aquele que o cometeu, não lhe tira definitivamente a possibilidade de se redimir.

Também é preciso saudar favoravelmente a crescente atenção à *qualidade de vida e à ecologia,* que se registra sobretudo nas sociedades mais avançadas, nas quais os anseios das pessoas já não estão concentrados tanto sobre os problemas da sobrevivência como sobretudo na procura de um melhoramento global das condições de vida. Particularmente significativo é o despertar da reflexão ética acerca da vida: a aparição e o desenvolvimento cada vez maior da *bioética* favoreceu a reflexão e o diálogo — entre crentes e não-crentes, como também entre crentes de diversas religiões — sobre problemas éticos, mesmo fundamentais, que dizem respeito à vida do homem.

28. Este horizonte de luzes e sombras deve tornar-nos, a todos, plenamente conscientes de que nos encontramos perante um combate gigantesco e dramático entre o mal e o bem, a morte e a vida, a «cultura da morte» e a «cultura da vida». Encontramo-nos não só «diante», mas necessariamente «no meio» de tal conflito: todos estamos implicados e tomamos parte nele, com a responsabilidade iniludível de *decidir incondicionalmente a favor da vida.*

Também para nós, ressoa claro e forte o convite de Moisés: «Vê, ofereço-te hoje, de um lado, a vida e o bem; do outro, a morte e o mal. (...) Coloco diante de ti a vida e a morte, a felicidade e a maldição. *Escolhe a vida, e então viverás com toda a tua posteridade» (Dt* 30,15.19) . É um convite muito apropriado para nós, chamados cada dia a ter de escolher entre a «cultura da vida» e a «cultura da morte». Mas o apelo do Deuteronômio é ainda mais profundo, porque nos chama a uma opção especificamente religiosa e moral. Trata-se de dar à própria existência uma orientação fundamental, vivendo com fidelidade e coerência a Lei do Senhor: «Recomendo-te hoje que *ames o Senhor, teu Deus,* que *andes nos seus caminhos,* que *guardes os seus preceitos,* suas leis e seus decretos. (...) Escolhe a vida, e então viverás com toda a tua posteridade. Ama o Senhor, teu Deus, escuta a sua voz e permanece-lhe fiel, *porque é ele a tua vida* e a longevidade dos teus dias» (30,16.19-20).

A decisão incondicional a favor da vida atinge em plenitude o seu significado religioso e moral, quando brota, é plasmada e alimentada pela *fé em Cristo.* Nada ajuda tanto a enfrentar positivamente o conflito entre a morte e a vida, no qual estamos imersos, como a fé no Filho de Deus que se fez homem e veio habitar entre os homens, «para que tenham vida, e a tenham em abundância» *(Jo* 10,10): é a *fé no Ressuscitado, que venceu a morte,* é a fé no sangue de Cristo «que fala melhor do que o de Abel» *(Hb* 12,24).

Assim, com a luz e a força desta fé, perante os desafios da situação atual, a Igreja toma consciência mais viva da graça e da responsabilidade, que lhe vêm do seu Senhor, de anunciar, celebrar e servir o *Evangelho da vida.*

CAPÍTULO II

VIM PARA QUE TENHAM VIDA

A MENSAGEM CRISTÃ SOBRE A VIDA

«A vida manifestou-se, nós a vimos» (1Jo 1,2): o olhar voltado para Cristo, «o Verbo da vida»

29. Frente às inumeráveis e graves ameaças contra a vida, presentes no mundo contemporâneo, poder-se-ia ficar como que dominado por um sentido de impotência insuperável: jamais o bem poderá ter força para vencer o mal!

Este é o momento em que o Povo de Deus, e nele cada um dos crentes, é chamado a professar, com humildade e coragem, a própria fé em Jesus Cristo, «o Verbo da vida» (*1Jo* 1,1). O E*vangelho da vida* não é uma simples reflexão, mesmo se original e profunda, sobre a vida humana; nem é apenas um preceito destinado a sensibilizar a consciência e provocar mudanças significativas na sociedade; tampouco é a ilusória promessa de um futuro melhor. O *Evangelho da vida* é uma realidade concreta e pessoal, porque consiste no anúncio da *própria pessoa de Jesus*. Ao apóstolo Tomé, e nele a cada homem, Jesus apresenta-se com estas palavras: «Eu sou o caminho, a verdade e a vida» *(Jo* 14,6). A mesma identidade foi referida a Marta, irmã de Lázaro: «Eu sou a ressurreição e a vida; quem crê em mim, ainda que esteja morto, viverá; e todo aquele que vive e crê em mim, não morrerá jamais» *(Jo* 11,25-26). Jesus é o Filho que, desde toda a eternidade, recebe a vida do Pai (cf. *Jo* 5,26) e veio estar com os homens, para os tornar participantes deste dom: «Eu vim para que tenham vida, e a tenham em abundância» *(Jo* 10,10).

Deste modo, a possibilidade de «conhecer» *a verdade plena* sobre o valor da vida humana é oferecida ao homem pela palavra, a ação e a própria pessoa de Jesus; e desta «fonte», vem-lhe, de forma especial, a capacidade de «praticar» perfeitamente tal verdade (cf. *Jo* 3,21), ou seja, a capacidade de assumir e realizar em plenitude a responsabilidade de amar e servir, de defender e promover a vida humana.

Em Cristo, de fato, é anunciado definitivamente e concedido plenamente aquele *Evangelho da vida,* que, oferecido já na Revelação do Antigo Testamento e, antes ainda, de algum modo escrito no próprio coração de cada homem e mulher, ressoa em toda a consciência «desde o princípio», ou seja, desde a própria criação, de tal modo que, não obstante os condicionalismos negativos do pecado, *pode também ser conhecido nos seus traços essenciais pela razão humana.* Como escreve o Concílio Vaticano II, Cristo «com toda a sua presença e manifestação da sua pessoa, com palavras e obras, sinais e milagres, e sobretudo com a sua morte e gloriosa ressurreição, enfim, com o envio do Espírito da verdade, completa totalmente e confirma com o testemunho divino a revelação, a saber, que Deus está conosco para nos libertar das trevas do pecado e da morte e para nos ressuscitar para a vida eterna».[22]

30. É, pois, com o olhar fixo no Senhor Jesus que desejamos novamente escutar dele «as palavras de Deus» (*Jo* 3,34) e meditar o *Evangelho da* vida. O sentido mais profundo e original desta meditação sobre a mensagem revelada relativa à vida humana foi recolhido pelo apóstolo João, quando escreve, no início da sua Primeira Carta: «O que era desde o princípio, o que ouvimos, o que vimos com os nossos olhos, o que contemplamos e as nossas mãos apalparam acerca do Verbo da vida — porque a vida manifestou-se, nós a vimos, damos testemunho dela e vos anunciamos esta vida eterna que estava no Pai e que nos foi manifestada —, o que vimos e ouvimos, isso vos anunciamos, para que também vós tenhais comunhão conosco» (1,1-3).

---

22. Const. dogm. sobre a divina Revelação *Dei Verbum*, 4.

Então, a vida divina e eterna é anunciada e comunicada em Jesus, «Verbo da vida». Graças a este anúncio e a este dom, a vida física e espiritual do homem, mesmo na sua fase terrena, adquire plenitude de valor e significado: com efeito, a vida divina e eterna é o fim, para o qual está orientado e chamado o homem que vive neste mundo. Assim, o *Evangelho da vida* encerra tudo aquilo que a própria experiência e a razão humana dizem acerca do valor da vida humana: acolhe-o, eleva-o e o conduz à sua plena realização.

«O Senhor é a minha força e a minha glória, foi ele quem me salvou» (Ex 15,2): a vida é sempre um bem

31. Na verdade, a plenitude evangélica do anúncio sobre a vida fora preparada já no Antigo Testamento. É sobretudo nos acontecimentos do Êxodo, fulcro da experiência de fé do Antigo Testamento, que Israel descobre quão preciosa é aos olhos de Deus a sua vida. Quando já parece votado ao extermínio, dado que sobre todos os seus recém-nascidos do sexo masculino grava a ameaça de morte (cf. *Ex* 1,15-22), o Senhor revela-se-lhes como salvador, capaz de assegurar um futuro a quem vive sem esperança. Nasce, assim, em Israel uma certeza bem precisa: *a sua vida* não se acha à mercê de um faraó que a pode usar com despótico arbítrio; mas, ao contrário, é *objeto de um terno e intenso amor da parte de Deus*.

A libertação da escravidão é o dom de uma identidade, o reconhecimento de uma dignidade indelével e *o início de uma história nova,* na qual caminham lado a lado a descoberta de Deus e a descoberta de si próprio. A experiência do Êxodo é constitutiva e paradigmática. Lá Israel compreendeu que, todas as vezes que estiver ameaçado na sua existência, terá apenas de recorrer a Deus com renovada confiança para encontrar nele eficaz assistência: «Formei-te, tu és meu servo; Israel, não te posso esquecer» (*Is* 44,21).

Assim, enquanto reconhece o valor da própria existência como povo, Israel avança também *na percepção do sentido e valor da vida como tal.* É uma reflexão que se desenvolve particularmente nos Livros Sapienciais, partindo da experiência cotidiana da precariedade da vida e da consciência das ameaças que a tramam. Diante das contradições da existência, a fé é chamada a dar uma resposta.

É sobretudo o problema da dor, o que mais pressiona a fé e a põe à prova. Como não identificar o gemido universal do homem na meditação do Livro de Jó? O inocente esmagado pelo sofrimento é compreensivelmente levado a interrogar-se: «Por que razão foi concedida a luz ao infeliz, e a vida àquele cuja alma está desconsolada, os quais esperam a morte sem que ela venha e a procuram com mais ardor que um tesouro?» (3,20-21). Mas, mesmo na escuridão mais densa, a fé encaminha para o reconhecimento confiante e adorador do «mistério»: «Sei que podes tudo e que nada te é impossível» *(Jó* 42,2).

Progressivamente a Revelação faz ver, com uma clareza cada vez maior, o gérmen de vida imortal posto pelo Criador no coração dos homens: «Todas as coisas que Deus fez são boas no seu tempo. Além disso, pôs no coração [do homem] a duração inteira, sem que ninguém possa compreender a obra divina de um extremo ao outro» *(Ecl* 3,11) . Este *gérmen de totalidade e plenitude* anseia por se manifestar no amor e realizar-se, por dom gratuito de Deus, na participação da sua vida eterna.

«Pela fé no nome de Jesus, este homem recobrou as forças» (At 3,16): *na precariedade da existência humana, Jesus realiza plenamente o sentido da vida*

32. A experiência do povo da Aliança renova-se em todos os «pobres» que encontram Jesus de Nazaré. Como Deus, «amante da vida» *(Sb* 11,26), já tinha tranquilizado Israel no meio dos perigos, assim agora o Filho de Deus anuncia a quantos se sentem ameaçados e limitados na própria existência, que a sua vida é um bem, ao qual o amor do Pai dá sentido e valor.

«Os cegos vêem, os coxos andam, os leprosos ficam limpos, os surdos ouvem, os mortos ressuscitam, a boa nova é anunciada aos pobres» *(Lc* 7,22).

Com estas palavras do profeta Isaías (35,5-6; 61,1), Jesus apresenta o significado da sua própria missão: deste modo, aqueles que sofrem por causa de uma existência de qualquer modo «limitada» ouvem dele a *boa nova* do interesse que Deus nutre por eles e têm a confirmação de que também a sua vida é um dom zelosamente guardado nas mãos do Pai (cf. *Mt* 6,25-34).

Quem se sente particularmente interpelado pela pregação e ação de Jesus, são os «pobres». As multidões de doentes e marginalizados, que o seguem e procuram (cf. *Mt* 4,23-25), encontram na sua palavra e nos seus gestos a revelação do valor imenso da vida deles e de quão fundados sejam os seus anseios de salvação.

Acontece o mesmo na missão da Igreja, já desde as suas origens. Ao anunciar Jesus como aquele que «andou de lugar em lugar, fazendo o bem e curando todos os que eram oprimidos pelo diabo, porque Deus estava com ele» *(At* 10,38), ela sabe que é portadora de uma mensagem de salvação que ressoa, com toda a sua novidade, precisamente nas situações de miséria e pobreza da vida humana. Assim faz Pedro, ao curar o paralítico que estava colocado diariamente junto da porta «Formosa» do templo de Jerusalém a pedir esmola: «Não tenho ouro nem prata, mas vou dar-te o que tenho: Em nome de Jesus Cristo Nazareno, levanta-te e anda!» *(At* 3,6). Pela fé em Jesus, «Príncipe da vida» *(At* 3,15), a vida que ali jaz abandonada e suplicante, reencontra a consciência de si mesma e a sua plena dignidade.

A palavra e os gestos de Jesus e da sua Igreja não dizem respeito apenas a quem está enfermo, aflito pela provação, ou é vítima das diversas formas de marginalização social. Vão mais fundo, tocando *o próprio sentido da vida de cada homem nas suas dimensões morais e espirituais*. Só quem reconhece que a própria vida está tocada pelas mazelas do pecado, pode reencontrar a verdade e a autenticidade da própria existência junto de Jesus Salvador, segundo as suas próprias palavras: «Não são os que têm saúde que precisam de médico, mas os que estão doentes. Não foram os justos, mas os pecadores, que eu vim chamar ao arrependimento» (*Lc* 5,31-32).

Pelo contrário, aquele que à semelhança do rico agricultor da parábola evangélica julga poder assegurar a própria vida com a posse de simples bens materiais, na realidade engana-se. A vida está-lhe escapando, e bem depressa ficará privado dela sem ter chegado a perceber o seu verdadeiro significado: «Insensato! Nesta mesma noite, pedir-te-ão a tua alma; e o que acumulaste para quem será?» (*Lc* 12,20).

33. Na vida de Jesus, desde o início até ao fim, encontra-se esta «dialética» singular entre a experiência da contingência da vida humana e a afirmação do seu valor. De fato, a precariedade caracteriza a vida de Jesus, desde o seu nascimento. Ele depara

certamente com o *acolhimento* dos justos, que se unem ao «sim» pronto e feliz de Maria (cf. *Lc* 1,38). Mas logo aparece também a *rejeição* por parte de um mundo que se torna hostil e procura o Menino «para matá-lo» *(Mt* 2,13), ou então fica indiferente e alheio ao cumprimento do mistério desta vida que entra no mundo: «não havia para eles lugar na hospedaria» *(Lc* 2,7). Exatamente por este contraste — as ameaças e inseguranças, por um lado, e o poder do dom de Deus, por outro — resplandece com maior força a glória que irradia da casa de Nazaré e da manjedoura de Belém: esta vida que nasce é salvação para a humanidade inteira (cf. *Lc* 2,10-11).

As contradições e riscos da vida são assumidos plenamente por Jesus: «sendo rico, fez-se pobre por vós, a fim de vos enriquecer pela pobreza» *(2Cor* 8,9). Esta pobreza, de que fala Paulo, não é apenas despojamento dos privilégios divinos, mas também partilha das condições mais humildes e precárias da vida humana (cf. *Fl* 2,6-7). Jesus vive esta pobreza ao longo de toda a sua vida até ao momento culminante da cruz: «Humilhou-se a si mesmo, feito obediente até à morte e morte de cruz. Por isso é que Deus o exaltou e lhe deu um nome que está acima de todo nome» *(Fl* 2,8-9) . É precisamente *na sua morte* que *Jesus revela toda a grandeza e valor da vida,* enquanto a sua doação na cruz se torna fonte de vida nova para todos os homens (cf. *Jo* 12,32). Neste peregrinar por entre as contradições e a própria perda da vida, Jesus é guiado pela certeza de que ela está nas mãos do Pai. Por isso, na cruz pode dizer-lhe: «Pai, nas tuas mãos entrego o meu espírito» *(Lc 23,46)*, isto é, a minha vida. Verdadeiramente grande é o valor da vida humana, se o Filho de Deus a assumiu e fez dela o lugar onde se realiza a salvação para a humanidade inteira!

«Chamados ( ) a ser conformes à imagem do seu Filho» (Rm 8,28-29): a glória de Deus resplandece no rosto do homem

34. A vida é sempre um bem. Esta é uma intuição ou até um dado de experiência, cuja razão profunda o homem é chamado a compreender.

Por que motivo a vida é um bem? Esta pergunta percorre a Bíblia inteira, encontrando já nas primeiras páginas uma resposta eficaz e admirável. A vida que Deus dá ao homem é diversa e original, se comparada com a de qualquer outra criatura viva, dado que ele, apesar de emparentado com o pó da terra (cf. *Gn* 2,7; 3,19; *Jó* 34,15; *Sl* 103/102,14; 104/103,29), *é, no mundo, manifestação de Deus, sinal da sua presença, vestígio da sua glória* (cf. *Gn* 1,26-27; *Sl* 8,6). Isto mesmo quis sublinhar Santo Ireneu de Lião, com a célebre definição: «A glória de Deus é o homem vivo».[23] Ao homem foi dada *uma digni-*

---

23. «Gloria Dei vivens homo»: *Contra as heresias,* IV, 20,7: *SCh* 100/2, 648-649.

dade sublime, que tem as suas raízes na ligação íntima que o une ao seu Criador: no homem, brilha um reflexo da própria realidade de Deus.

Afirma-o o Livro do Gênesis, na primeira narração das origens, ao colocar o homem no vértice da ação criadora de Deus, como seu coroamento, no termo de um processo que vai do caos indefinido até à criatura mais perfeita. *Na criação, tudo está ordenado para o homem e tudo lhe fica submetido:* «Enchei e dominai a terra. Dominai (...) sobre todos os animais que se movem na terra» (1,28) — ordena Deus ao homem e à mulher. Mensagem semelhante aparece também no outro relato das origens: «O Senhor levou o homem e colocou-o no jardim do Éden para o cultivar e, também, para o guardar» *(Gn 2,15).* Confirma-se assim o primado do homem sobre as coisas: estas estão ordenadas ao homem e entregues à sua responsabilidade, enquanto por nenhuma razão pode o homem ser subjugado pelos seus semelhantes e como que reduzido ao estatuto de coisa.

Na narração bíblica, a distinção entre o homem e as demais criaturas é evidenciada sobretudo pelo fato de apenas a sua criação ser apresentada como fruto de uma especial decisão da parte de Deus, de uma deliberação que consiste em estabelecer *uma ligação particular e específica com o Criador:* «Façamos o homem à nossa imagem, à nossa semelhança» *(Gn 1,26).* A *vida* que Deus oferece ao homem, *é um dom, pelo qual Deus participa algo de si mesmo à sua criatura.*

Israel interrogar-se-á longamente acerca do sentido desta ligação particular e específica do homem com Deus. O Livro de Ben-Sirá reconhece que Deus, ao criar os homens, «revestiu-os da força conveniente e fê-los à própria imagem» (17,3). E a isso subordina o autor sagrado, não só o domínio sobre o mundo, mas também *as faculdades espirituais mais específicas do homem,* como a razão, o discernimento do bem e do mal, a vontade livre: «Encheu-os de saber e inteligência, e mostrou-lhes o bem e o mal» *(Eclo* 17,7). A *capacidade de alcançar a verdade e a liberdade são prerrogativas do homem* enquanto criatura feita à imagem do seu Criador, o Deus verdadeiro e justo (cf. *Dt* 32,4). Dentre todas as criaturas visíveis, apenas o homem é «capaz de conhecer e amar o seu Criador».[24] A vida que Deus dá ao homem, é muito mais do que uma existência no tempo. É tensão para uma plenitude de vida; é *gérmen de uma existência que ultrapassa os próprios limites do tempo*: «Deus criou o homem para a incorruptibilidade, e fê-lo à imagem da sua própria natureza» *(Sb* 2,23).

35. Também o relato javista das origens exprime a mesma convicção. Esta antiga narração fala de *um sopro divino* que *é insuflado no homem,* para que este dê entrada na vida: «O Senhor Deus formou o

---

24. CONC. ECUM. VAT. II, Const. past. sobre a Igreja no mundo contemporâneo *Gaudium et spes,* 12.

homem do pó da terra e insuflou-lhe pelas narinas o sopro da vida, e o homem transformou-se num ser vivo» *(Gn* 2,7).

A origem divina deste espírito de vida explica a perene insatisfação que acompanha o homem, ao longo dos seus dias. Obra plasmada pelo Senhor e trazendo em si mesmo um traço indelével de Deus, o homem tende naturalmente para ele. Quando escuta o anseio profundo do coração, não pode deixar de fazer sua esta afirmação de Santo Agostinho: «Criastes-nos para vós, Senhor, e o nosso coração vive inquieto enquanto não repousa em vós».[25]

Como é eloqüente aquela insatisfação que se apodera da vida do homem no Éden, quando lhe resta como única referência o mundo vegetal e animal! (cf. *Gn* 2,20). Somente a aparição da mulher, isto é, de um ser que é carne da sua carne e osso dos seus ossos (cf. *Gn* 2,23) e no qual vive igualmente o espírito de Deus Criador, pode satisfazer a exigência de diálogo interpessoal, tão vital para a existência humana. No outro, homem ou mulher, reflete-se o próprio Deus, abrigo definitivo e plenamente feliz de toda a pessoa.

«Que é o homem para vos lembrardes dele, o filho do homem para dele cuidardes?» — interroga-se o Salmista *(Sl* 8,5). Diante da imensidão do universo, coisa bem pequena é o homem; mas é precisamente este contraste que faz sobressair a sua grande-

---

25. *Confessiones* I, 1: *CCL* 27, 1.

za: «Pouco lhe falta para que seja um ser divino; de glória e de honra o coroastes» *(Sl 8,6)*. A *glória de Deus resplandece no rosto do homem*. Nele, o Criador encontra o seu repouso, como comenta, maravilhado e comovido, Santo Ambrósio: «Terminou o sexto dia, ficando concluída a criação do mundo com a formação daquela obra-prima, o homem, que exerce o domínio sobre todos os seres vivos e é como que o ápice do universo e a suprema beleza de todo ser criado. Verdadeiramente deveremos manter um silêncio reverente, já que o Senhor se repousou de toda a obra do mundo. Repousou-se no íntimo do homem, repousou-se na sua mente e no seu pensamento; de fato, tinha criado o homem dotado de razão, capaz de o imitar, êmulo das suas virtudes, desejoso das graças celestes. Nestes seus dotes, repousa Deus que disse: "Sobre quem repousarei senão naquele que é humilde, pacífico e teme as minhas palavras?" *(Is 66,1-2)*. Agradeço ao Senhor nosso Deus que criou uma obra tão maravilhosa que nela encontra o seu repouso».[26]

36. Infelizmente, este projeto maravilhoso de Deus ficou ofuscado pela irrupção do pecado na história. Com o pecado, o homem revolta-se contra o Criador, acabando por *idolatrar as criaturas*: «Veneraram a criatura e prestaram-lhe culto de preferência ao Criador» *(Rm 1,25)*. Deste modo, o ser humano

---

26. *Exameron*, VI, 75-76: *CSEL* 32, 260-261.

não só deturpa a imagem de Deus em si mesmo, mas é tentado a ofendê-la também nos outros, substituindo as relações de comunhão por atitudes de desconfiança, indiferença, inimizade, até chegar ao ódio homicida. Quando não se reconhece *Deus como tal,* atraiçoa-se o sentido profundo do homem e prejudica-se a comunhão entre os homens.

Na vida do homem, a imagem de Deus volta a resplandecer e manifesta-se em toda a sua plenitude com a vinda do Filho de Deus em carne humana: «Ele é a imagem do Deus invisível» *(Cl* 1,15), «o resplendor da sua glória e a imagem da sua substância» *(Hb* 1,3). Ele é a imagem perfeita do Pai.

O projeto de vida confiado ao primeiro Adão encontra finalmente em Cristo a sua realização. Enquanto a desobediência de Adão arruína e deturpa o desígnio de Deus sobre a vida do homem e introduz a morte no mundo, a obediência redentora de Cristo é fonte de graça que se derrama sobre os homens, abrindo a todos, de par em par, as portas do reino da vida (cf. *Rm* 5,12-21). Afirma o apóstolo Paulo: «O primeiro homem, Adão, foi feito alma vivente; o último Adão é um espírito vivificante» *(1Cor* 15,45*).*

A todos aqueles que aceitam seguir Cristo, é-lhes dada a plenitude da vida: neles, a imagem divina é restaurada, renovada e levada à perfeição. Este é o desígnio de Deus para os seres humanos: tornarem-se «conformes à imagem do seu Filho» *(Rm* 8,29). Só assim, no esplendor desta imagem, é que o homem pode ser liberto da escravidão da idolatria, pode reconstruir a fraternidade perdida e reencontrar a sua identidade.

«Quem crê em mim, ainda que esteja morto viverá» (Jo 11,26): o dom da vida eterna

37. A vida que o Filho de Deus veio dar aos homens, não se reduz meramente à existência no tempo. A vida, que desde sempre está «nele» e constitui «a luz dos homens» *(Jo 1,4), consiste em ser gerados por Deus e participar na plenitude do seu amor:* «A todos os que o receberam, aos que crêem nele, deu-lhes o poder de se tornarem filhos de Deus; eles que não nasceram do sangue, nem de vontade da carne, nem de vontade do homem, mas sim de Deus» *(Jo 1,12-13).*

Umas vezes, Jesus designa esta vida, que ele veio dar, simplesmente como «a vida»; e apresenta o ser gerado por Deus como condição necessária para poder alcançar o fim para o qual o homem foi criado: «Quem não nascer de novo, não pode ver o Reino de Deus» *(Jo 3,3).* O dom desta vida constitui o objeto próprio da missão de Jesus; ele «é aquele que desce do Céu e dá a vida ao mundo» *(Jo 6,33),* de tal modo que pode afirmar com toda a verdade: «Quem me segue (...) terá a luz da vida» *(Jo 8,12).*

Outras vezes, Jesus fala de «vida eterna», sem querer com o adjetivo aludir apenas a uma perspectiva supratemporal. «Eterna» é a vida que Jesus promete e dá, porque é plenitude de participação na vida do «Eterno». Todo aquele que crê em Jesus e vive em comunhão com ele tem a vida eterna (cf. *Jo* 3,15; 6,40), porque dele escuta as únicas palavras que revelam e infundem plenitude de vida à sua existência; são as «palavras de vida eterna», que Pedro reconhece na sua confissão de fé: «Senhor, a quem iremos? Tu tens palavras de vida eterna; e nós acreditamos e sabemos que és o Santo de Deus» *(Jo* 6,68-69). O que seja essa vida eterna, declara-o Jesus quando se dirigiu ao Pai na grande oração sacerdotal: «A vida eterna consiste nisto: que te conheçam a ti, único Deus verdadeiro, e a Jesus Cristo, a quem enviaste» *(Jo* 17,3) . Conhecer a Deus e ao seu Filho é acolher o mistério da comunhão de amor do Pai, do Filho e do Espírito Santo, na própria vida que se abre, já *desde agora,* à vida eterna pela *participação na vida divina*.

38. Por conseguinte, a vida eterna é a própria vida de Deus e simultaneamente a *vida dos filhos de Deus*. Um assombro incessante e uma gratidão sem limites não podem deixar de se apoderar do crente diante desta inesperada e inefável verdade que nos vem de Deus em Cristo. O crente faz suas as palavras do apóstolo João: «Vede com que amor nos amou o Pai, ao querer que fôssemos chamados filhos de Deus. E o somos de fato! (...) Caríssimos, agora somos filhos de Deus, mas ainda não se manifestou o que

havemos de ser. Sabemos, porém, que, quando ele se manifestar, seremos semelhantes a ele, porque o veremos como ele é» (*1Jo* 3,1-2).

Assim, *chega ao seu auge a verdade cristã acerca da vida*. A dignidade desta não está ligada apenas às suas origens, à sua proveniência de Deus, mas também ao seu fim, ao seu destino de comunhão com Deus no conhecimento e no amor dele. É à luz desta verdade que Santo Ireneu especifica e completa a sua exaltação do homem: «glória de Deus» é, sim, «o homem vivo», mas «a vida do homem consiste na visão de Deus».[27]

Daqui resultam conseqüências imediatas para a vida humana em sua própria *condição terrena*, na qual já germinou e está crescendo a vida eterna. Se o homem ama instintivamente a vida porque é um bem, tal amor encontra ulterior motivação e força, nova amplitude e profundidade nas dimensões divinas desse bem. Em semelhante perspectiva, o amor que cada ser humano tem pela vida não se reduz à simples busca de um espaço onde poder exprimir-se a si mesmo e entrar em relação com os outros, mas evolui até à certeza feliz de poder fazer da própria existência o «lugar» da manifestação de Deus, do encontro e comunhão com ele. A vida que Jesus nos dá, não desvaloriza a nossa existência no tempo, mas assume-a e a conduz ao seu último destino: «Eu sou a

27. «Vita autem hominis visio Dei»: *Contra as heresias,* IV, 20, 7: *SCh* 100/2, 648-649.

ressurreição e a vida; (...) todo aquele que vive e crê em mim não morrerá jamais» *(Jo* 11,25-26).

«A cada um, pedirei contas do seu irmão» (cf. *Gn* 9,5): veneração e amor pela vida dos outros

39. A vida do homem provém de Deus, é dom seu, é imagem e figura dele, participação do seu sopro vital. *Desta vida,* portanto, *Deus é o único senhor:* o homem não pode dispor dela. Deus mesmo o confirma a Noé, depois do dilúvio: «Ao homem, pedirei contas da vida do homem, seu irmão» *(Gn* 9,5). E o texto bíblico preocupa-se em sublinhar como a sacralidade da vida tem o seu fundamento em Deus e na sua ação criadora: «Porque Deus fez o homem à sua imagem» *(Gn* 9,6).

Portanto, a vida e a morte do homem estão nas mãos de Deus, em seu poder: «Deus tem nas suas mãos a alma de todo ser vivente, e o sopro de vida de todos os homens» — exclama Jó (12,10). «O Senhor é que dá a morte e a vida, leva à habitação dos mortos e retira de lá» *(1Sm* 2,6). Apenas ele pode afirmar: «Só eu é que dou a vida e dou a morte» *(Dt* 32,39).

Mas Deus não exerce esse poder como arbítrio ameaçador, mas, sim, como *cuidado e solicitude amorosa pelas suas criaturas.* Se é verdade que a vida do homem está nas mãos de Deus, não o é menos que estas são mãos amorosas como as de uma mãe que acolhe, nutre e toma conta do seu filho: «Fico sossegado e tranquilo como criança deitada nos braços de sua mãe, como um menino deitado é a minha alma» *(Sl* 131/130,2; cf. *Is* 49,15; 66,12-13; *Os* 11,4). Assim nas vicissitudes dos povos e na sorte dos indivíduos, Israel não vê o fruto de pura casualidade ou de um destino cego, mas o resultado de um desígnio de amor, pelo qual Deus resguarda todas as potencialidades da vida e se contrapõe às forças de morte que nascem do pecado: «Deus não é o autor da morte, a perdição dos vivos não lhe dá nenhuma alegria. Porquanto ele criou tudo para a existência» *(Sb* 1, 13-14).

40. Da sacralidade da vida dimana a sua *inviolabilidade, inscrita desde as origens no coração do homem,* na sua consciência. A pergunta «que fizeste?» *(Gn* 4,10), dirigida por Deus a Caim depois de ter assassinado o irmão Abel, traduz a experiência de cada homem: no fundo da sua consciência, ele sente incessantemente o apelo à inviolabilidade da vida — a própria e a alheia —, como realidade que não lhe pertence, pois é propriedade e dom de Deus Criador e Pai.

O preceito relativo à inviolabilidade da vida humana ocupa o *centro dos «dez mandamentos» na aliança do Sinai* (cf. *Ex* 34,28). Nele se proíbe, antes de mais, o homicídio: «Não matarás» *(Ex* 20,13), «não causarás a morte do inocente e do justo» *(Ex* 23,7); mas proíbe também — como se explicita na legislação posterior de Israel — qualquer lesão infligida a outrem (cf. *Ex* 21,12-27). Tem-se de reconhecer que esta sensibilidade pelo valor da vida no Antigo Testamento, apesar de já tão notável, não alcança ainda a perfeição do Sermão da Montanha, como resulta de alguns aspectos da legislação penal então vigente, que previa castigos corporais pesados e até mesmo a pena de morte. Mas globalmente esta mensagem, que o Novo Testamento levará à perfeição, é já um forte apelo ao respeito pela inviolabilidade da vida física e da integridade pessoal, e tem o seu ápice no mandamento positivo que obriga a cuidar do próximo como de si mesmo: «Amarás o teu próximo como a ti mesmo» *(Lv* 19,18).

41. O mandamento «não matarás», contido e aprofundado no mandamento positivo do amor do próximo, é *confirmado em toda a sua validade pelo Senhor Jesus.* Ao jovem rico que lhe pede «Mestre, que hei-de fazer de bom para alcançar a vida eterna?», responde: «Se queres entrar na vida eterna, cumpre os mandamentos» *(Mt* 19,16.17). E, logo em primeiro lugar, cita «não matarás» (19,18). No Sermão da Montanha, Jesus exige dos discípulos uma justiça *superior* à dos escribas e fariseus, no campo do respeito pela vida: «Ouvistes o que foi dito aos antigos: "Não matarás; aquele que matar está sujeito a ser condenado". Eu, porém, vos digo: quem se irritar contra o seu irmão será réu perante o tribunal» *(Mt* 5,21-22).

Com a sua palavra e os seus gestos, Jesus explicita ulteriormente as exigências positivas do mandamento referente à inviolabilidade da vida. Estavam já presentes no Antigo Testamento, onde a legislação se preocupava em garantir e salvaguardar as situações de vida fraca e ameaçada: o estrangeiro, a viúva, o órfão, o enfermo, o pobre em geral, a própria vida antes de nascer (cf. *Ex* 21,22; 22,20-26). Mas com Jesus, essas exigências positivas adquirem novo vigor e ímpeto, manifestando-se em toda a sua amplitude e profundidade: vão desde o velar pela vida do *irmão* (familiar, membro do mesmo povo, estrangeiro que habita na terra de Israel), passam pelo cuidar do *desconhecido*, para chegarem até ao amor do *inimigo*.

O desconhecido deixa de ser tal para quem deve *fazer-se próximo* de todo aquele que se encontra necessitado, até assumir a responsabilidade da sua vida, como ensina, de modo eloquente e incisivo, a parábola do bom samaritano (cf. *Lc* 10,25-37). Também o inimigo cessa de o ser para quem é obrigado a amá-lo (cf. *Mt* 5,38-48; *Lc* 6,27-35) e «fazer-lhe bem» (cf. *Lc* 6,27.33.35), levando remédio às carências da sua vida, com prontidão e sem esperar recompensa (cf. *Lc* 6,34-35). No vértice deste amor, está a oração pelo inimigo, pela qual nos colocamos em sintonia com o amor providente de Deus: «Eu, porém, vos digo: Amai os vossos inimigos e orai pelos que vos perseguem. Fazendo assim, vos tornareis filhos do vosso Pai que está nos Céus; pois ele faz que o sol se levante sobre os bons e os maus e faz cair a chuva sobre os justos e os pecadores» *(Mt* 5,44-45; cf. *Lc* 6,28.35) .

Assim, o mandamento de Deus, orientado para a defesa da vida do homem, tem a sua dimensão mais profunda na exigência de *veneração e amor* por toda a pessoa e sua vida. Este é o ensinamento que o apóstolo Paulo, dando eco às palavras de Jesus (cf. *Mt* 19,17-18), dirige aos cristãos de Roma: «Com efeito: "Não cometerás adultério, não matarás, não furtarás, não cobiçarás" e qualquer um dos outros mandamentos resumem-se nestas palavras: *"Amarás ao próximo como a ti mesmo".* A caridade não faz mal ao próximo. A caridade é, pois, o pleno cumprimento da lei» *(Rm* 13,9-10).

«Crescei e multiplicai-vos, enchei e dominai a terra» (Gn 1,28): *as responsabilidades do homem pela vida*

42. Defender e promover, venerar e amar a vida é tarefa que Deus confia a cada homem, ao chamá-lo, enquanto sua imagem viva, a participar no domínio que ele tem sobre o mundo: «Abençoando-os, Deus disse: "Crescei e multiplicai-vos, enchei e dominai a terra. Dominai sobre os peixes do mar, sobre as aves dos céus e sobre todos os animais que se movem na terra"» *(Gn* 1,28).

O texto bíblico manifesta claramente a amplitude e profundidade do domínio que Deus concede ao homem. Trata-se, antes de mais, de *domínio sobre a terra e sobre todo ser vivo*, como recorda o Livro da Sabedoria: «Deus dos nossos pais e Senhor de misericórdia, (...) formastes o homem pela vossa sabedoria, para dominar sobre as criaturas a quem destes a vida, para governar o mundo com santidade e justiça» (9,1.2-3). Também o Salmista exalta o domínio do homem como sinal da glória e honra recebidas do Criador: «Destes-lhe domínio sobre as obras das vossas mãos. Tudo submetestes debaixo dos seus pés; os rebanhos e os gados sem exceção, até mesmo os animais selvagens; as aves do céu e os peixes do mar, tudo o que se move nos oceanos» *(Sl* 8,7-9).

Chamado a cultivar e guardar o jardim do mundo (cf. *Gn* 2,15*)*, o homem detém uma responsabilidade específica sobre o *ambiente de vida*, ou seja, sobre a criação que Deus pôs a serviço da sua dignidade pessoal, da sua vida: e isto não só em relação ao presente, mas também às gerações futuras. É a *questão ecológica* —desde a preservação do «habitat» natural das diversas espécies animais e das várias formas de vida, até à «ecologia humana» propriamente dita[28] — que, no texto bíblico, encontra luminosa e forte indicação ética para uma solução respeitosa do grande bem da vida, de toda a vida. Na reali-

---

28. Cf. JOÃO PAULO II, Carta enc. *Centesimus annus* (1º de maio de 1991), n. 38: *AAS* 83 (1991), 840-841.

dade, «o domínio conferido ao homem pelo Criador não é um poder absoluto, nem se pode falar de liberdade de "usar e abusar", ou de dispor das coisas como melhor agrade. A limitação imposta pelo mesmo Criador, desde o princípio, e expressa simbolicamente com a proibição de "comer o fruto da árvore" (cf. *Gn* 2,16-17), mostra com suficiente clareza que, nas relações com a natureza visível, nós estamos submetidos a leis, não só biológicas, mas também morais, que não podem impunemente ser transgredidas».[29]

43. Uma certa participação do homem no domínio de Deus manifesta-se também na *específica responsabilidade* que lhe está confiada *no referente à vida propriamente humana*. Essa responsabilidade atinge o auge na doação da vida, *através da geração* por obra do homem e da mulher no matrimônio, como nos recorda o Concílio Vaticano II: «O mesmo Deus que disse "não é bom que o homem esteja só" *(Gn* 2,18) e que "desde a origem fez o ser humano varão e mulher" *(Mt* 19,4), querendo comunicar uma participação especial na sua obra criadora, abençoou o homem e a mulher dizendo: "crescei e multiplicai-vos" *(Gn* 1,28)».[30]

29. JOÃO PAULO II, Carta enc. *Sollicitudo rei socialis* (30 de dezembro de 1987), n. 34: *AAS* 80 (1988), 560.
30. Const. past. sobre a Igreja no mundo contemporâneo *Gaudium et spes,* 50.

Ao falar de «uma participação especial» do homem e da mulher na «obra criadora» de Deus, o Concílio pretende pôr em relevo como a geração do filho é um fato não só profundamente humano, mas também altamente religioso, enquanto implica os cônjuges, que formam «uma só carne» *(Gn* 2,24), e simultaneamente o próprio Deus que se faz presente. Como escrevi na *Carta às Famílias,* «quando da união conjugal dos dois nasce um novo homem, este traz consigo ao mundo uma particular imagem e semelhança do próprio Deus: *na biologia da geração está inscrita a genealogia da pessoa.* Ao afirmarmos que os cônjuges, enquanto pais, são colaboradores de Deus Criador na concepção e geração de um novo ser humano, não nos referimos apenas às leis da biologia; pretendemos sobretudo sublinhar que, *na paternidade e maternidade humana, o próprio Deus está presente* de um modo diverso do que se verifica em qualquer outra geração "sobre a terra". Efetivamente, só de Deus pode provir aquela "imagem e semelhança" que é própria do ser humano, tal como aconteceu na criação. A geração é a continuação da criação».[31]

Isto mesmo ensina, com linguagem clara e eloqüente, o texto sagrado ao mencionar o grito jubiloso

---

31. Carta às Famílias *Gratissimam sane* (2 de fevereiro de 1994), n. 9: *AAS* 86 (1994), 878; cf. Pio XII, Carta enc. *Humani generis* (12 de agosto de 1950): *AAS* 42 (1950), 574.

da primeira mulher, a «mãe de todos os viventes» *(Gn* 3,20); consciente da intervenção de Deus, Eva exclama: «Gerei um homem com o auxílio do Senhor» *(Gn* 4,1). Assim, na geração, através da comunicação da vida dos pais ao filho transmite-se, graças à criação da alma imortal,[32] a imagem e semelhança do próprio Deus. Neste sentido, se exprime o início do «livro da genealogia de Adão»: «Quando Deus criou o homem, o fez à semelhança de Deus. Criou-os varão e mulher, e abençoou-os. Deu-lhes o nome de Homem no dia em que os criou. Com cento e trinta anos, Adão gerou um filho à sua imagem e semelhança, e pôs-lhe o nome de Set» *(Gn* 5,1-3). Precisamente neste papel de colaboradores de Deus, que *transmite a sua imagem à nova criatura,* está a grandeza dos cônjuges, dispostos «a colaborar com o amor do Criador e Salvador, que por meio deles aumenta cada dia mais e enriquece a sua família».[33] A luz disto, o bispo Anfilóquio exaltava o «matrimônio santo, eleito e elevado acima de todos os dons terre-

---

32. «Animas enim a Deo immediate creari catholica fides nos retinere iubet» [Com efeito, a fé católica manda-nos acreditar que as almas são criadas diretamente por Deus]: Pio XII, Carta enc. *Humani generis* (12 de agosto de 1950): *AAS* 42 (1950), 575.

33. Conc. Ecum. Vat. II, Const. past. sobre a Igreja no mundo contemporâneo *Gaudium et spes,* 50; cf. João Paulo II, Exort. ap. pós-sinodal *Familiaris consortio* (22 de novembro de 1981), n. 28: *AAS* 74 (1982), 114.

nos», porque «gerador da humanidade, artífice de imagens de Deus».[34]

Assim o homem e a mulher, unidos pelo matrimônio, estão associados a uma obra divina: por meio do ato da geração, o dom de Deus é acolhido, e uma nova vida se abre ao futuro.

Mas, uma vez realçada a missão específica dos pais, há que acrescentar: *a obrigação de acolher e servir a vida compete a todos e deve manifestar-se sobretudo a favor da vida em condições de maior fragilidade.* É o próprio Cristo quem no-lo recorda, ao pedir para ser amado e servido nos irmãos provados por qualquer tipo de sofrimento: famintos, sedentos, estrangeiros, nus, doentes, encarcerados... Aquilo que for feito a cada um deles, é feito ao próprio Cristo (cf. *Mt* 25,31-46).

«Vós é que plasmastes o meu interior» (*Sl* 139/138,13): *a dignidade da criança ainda não nascida*

44. A vida humana atravessa situações de grande fragilidade, quer ao entrar no mundo, quer quando sai do tempo para ir ancorar-se na eternidade. Na Palavra de Deus, encontramos numerosos apelos ao cuidado e respeito pela vida, sobretudo quando esta aparece ameaçada pela doença e pela velhice. Se faltam apelos diretos e explícitos para salvaguardar a

34. *Homilias,* II, 1: *CCSG* 3, 39.

vida humana nas suas origens, especialmente a vida ainda não nascida, ou então a vida próxima do seu termo, isso explica-se facilmente pelo fato de que a mera possibilidade de ofender, agredir ou mesmo negar a vida em tais condições estava fora do horizonte religioso e cultural do Povo de Deus.

No Antigo Testamento, a esterilidade era temida como uma maldição, enquanto se considerava uma bênção a prole numerosa: «Os filhos são bênçãos do Senhor; os frutos do ventre, uma recompensa do Senhor» *(Sl* 127/126,3; cf. *Sl* 128/127,3-4). Para esta convicção, concorre certamente a consciência que Israel tem de ser o povo da Aliança, chamado a multiplicar-se segundo a promessa feita a Abraão: «Ergue os olhos para os céus e conta as estrelas, se fores capaz de as contar (...) será assim a tua descendência» *(Gn* 15,5). Mas influi sobretudo a certeza de que a vida transmitida pelos pais tem a sua origem em Deus, como o atestam tantas páginas bíblicas que, com respeito e amor, falam da concepção, da moldagem da vida no ventre materno, do nascimento e da ligação íntima entre o momento inicial da existência e a ação de Deus Criador.

«Antes que fosses formado no ventre de tua mãe, Eu já te conhecia; antes que saísses do seio materno, Eu te consagrei» *(Jr 1,5): a existência de cada indivíduo, desde as suas origens, obedece ao desígnio de Deus.* Jó, na profundidade da sua dor, detém-se a contemplar a obra de Deus na miraculosa formação do seu corpo no ventre da mãe, retirando daí motivo de confiança e exprimindo a certeza da existência de um projeto divino para a sua vida: «As tuas mãos formaram-me e fizeram-me e, de repente, vais aniquilar-me? Lembra-te que me formaste com o barro; far-me-ás, agora, voltar ao pó? Não me espremeste como o leite e coalhaste como o queijo? De pele e de carne me revestiste, de ossos e de nervos me consolidaste. Deste-me a vida e favoreceste-me; a tua providência conservou o meu espírito» (10,8-12). Modulações cheias de enlevo adorador pela intervenção de Deus na vida em formação no ventre materno ressoam também nos Salmos.[35]

Como pensar que este maravilhoso processo de germinação da vida possa subtrair-se, por um só momento, à obra sapiente e amorosa do Criador para ficar abandonado ao arbítrio do homem? Não o pensa, seguramente, a mãe dos sete irmãos que professa a sua fé em Deus, princípio e garantia da vida desde a concepção e ao mesmo tempo fundamento da esperança da nova vida para além da morte: «Não sei como aparecestes nas minhas entranhas, porque não fui eu quem vos deu a alma nem a vida e nem fui eu quem ajuntou os vossos membros. Mas o Criador do mundo, autor do nascimento do homem e criador de todas as coisas, restituir-vos-á, na sua misericórdia, tanto o espírito como a vida, se agora fizerdes pouco caso de vós mesmos por amor das suas leis» *(2Mc 7,22-23).*

35. Vejam-se, por exemplo, os Salmos 22/21,10-11; 71/70,6; 139/138,13-14.

45. A revelação do Novo Testamento confirma o *reconhecimento indiscutível do valor da vida desde os seus inícios*. A exaltação da fecundidade e o trepidante anseio da vida ressoam nas palavras com que Isabel rejubila pela sua gravidez: ao Senhor «aprouve retirar a minha ignomínia» *(Lc 1,25)*. Mas o valor da pessoa, desde a sua concepção, é celebrado ainda melhor no encontro da Virgem Maria e Isabel e entre as duas crianças, que trazem no seio. São precisamente eles, os meninos, a revelarem a chegada da era messiânica: no seu encontro, começa a agir a força redentora da presença do Filho de Deus no meio dos homens. «Depressa se manifestam — escreve Santo Ambrósio — os benefícios da chegada de Maria e da presença do Senhor. (...) Isabel foi a primeira a escutar a voz, mas João foi o primeiro a pressentir a graça. Aquela escutou segundo a ordem da natureza; este exultou em virtude do mistério. Ela apreendeu a chegada de Maria; este, a do Senhor. A mulher ouviu a voz da mulher; o menino sentiu a presença do Filho. Aquelas proclamam a graça de Deus, estes realizam-na interiormente, iniciando no seio de suas mães o mistério de piedade; e, por um duplo milagre, as mães profetizam sob a inspiração de seus filhos. O filho exultou de alegria; a mãe ficou cheia do Espírito Santo. A mãe não se antecipou ao filho; foi este que, uma vez cheio do Espírito Santo, o comunicou a sua mãe.»[36]

36. *Expostitio Evangelii secundum Lucam*, II, 22-23: *CCL* 14, 40-41.

«Confiei mesmo quando disse: "Sou um homem de todo infeliz"» (Sl 116/115,10): a vida na velhice e no sofrimento

46. Também no que se refere aos últimos dias da existência, seria anacrônico esperar da revelação bíblica uma referência expressa à problemática atual do respeito pelas pessoas idosas e doentes, ou uma explícita condenação das tentativas de lhes antecipar violentamente o fim: encontramo-nos, de fato, perante um contexto cultural e religioso que não está pervertido por tais tentações, mas antes reconhece na sabedoria e experiência do ancião uma riqueza insubstituível para a família e a sociedade.

A velhice goza de prestígio e é circundada de veneração (cf. 2 *Mc* 6,23). O justo não pede para ser privado da velhice nem do seu peso; antes pelo contrário: «Vós sois a minha esperança, a minha confiança, Senhor, desde a minha juventude. (...) Agora, na velhice e na decrepitude, não me abandoneis, ó Deus; para que narre às gerações a força do vosso braço, o vosso poder a todos os que hão de vir» *(Sl* 71/70,5.18). O ideal do tempo messiânico é apresentado como aquele em que «não mais haverá (...) um velho que não complete os seus dias» (*Is* 65,20).

Mas, como enfrentar o declínio inevitável da vida, na velhice? *Como comportar-se frente à morte? O crente sabe que a sua vida está nas mãos de Deus:* «Senhor, nas tuas mãos está a minha vida» (cf. *Sl* 16/15,5); e dele aceite também a morte: «Este é o juízo do Senhor sobre toda a humanidade; e porque quererias reprovar a lei do Altíssimo?» *(Eclo* 41,4). O homem não é senhor nem da vida nem da morte; tanto numa como noutra, deve abandonar-se totalmente à «vontade do Altíssimo», ao seu desígnio de amor.

Também no momento da *doença,* o homem é chamado a viver a mesma entrega ao Senhor e a renovar a sua confiança fundamental naquele que «cura todas as enfermidades» (cf. *Sl* 103/102,3). Quando toda e qualquer esperança de saúde parece fechar-se para o homem — a ponto de o levar a gritar: «Os meus dias são como a sombra que declina, e vou-me secando como o feno» *(Sl* 102/101,12) —, mesmo então o crente está animado pela fé inabalável no poder vivificador de Deus. A doença não o leva ao desespero nem ao desejo da morte, mas a uma invocação cheia de esperança: «Confiei mesmo quando disse: "Sou um homem de todo infeliz"» *(Sl* 116/115,10); «Senhor, meu Deus, a vós clamei e fui curado. Senhor, livrastes a minha alma da mansão dos mortos; destes-me a vida quando já descia ao túmulo» *(Sl* 30/29,3-4).

47. A missão de Jesus, com as numerosas curas realizadas, indica *quanto Deus tem a peito também a vida corporal do homem.* «Médico do corpo e do espírito»,[37] Jesus foi mandado pelo Pai para anunciar

37. S. Inácio de Antioquia, *Carta aos Efésios* 7,2: *Patres Apostolici* (ed. F.X. Funk), II, 82.

a boa nova aos pobres e para curar os contritos de coração (cf. *Lc* 4,18; *Is* 61,1). Depois, ao enviar os seus discípulos pelo mundo, confia-lhes uma missão na qual a cura dos doentes acompanha o anúncio do Evangelho: «Pelo caminho, proclamai que o reino dos Céus está perto. Curai os enfermos, ressuscitai os mortos, purificai os leprosos, expulsai os demônios» *(Mt* 10,7-8; cf. *Mc* 6,13; 16,18).

Certamente, *a vida do corpo na sua condição terrena não é um absoluto* para o crente, de tal modo que lhe pode ser pedido para a abandonar por um bem superior; como diz Jesus, «quem quiser salvar a sua vida, perde-la-á, e quem perder a sua vida por mim e pelo Evangelho, salva-la-á» *(Mc* 8,35). A respeito disso, o Novo Testamento oferece diversos testemunhos. Jesus não hesita em sacrificar-se a si próprio e, livremente, faz da sua vida uma oferta ao Pai (cf. *Jo* 10,17) e aos seus (cf. *Jo* 10,15). Também a morte de João Batista, precursor do Salvador, atesta que a existência terrena não é o bem absoluto: é mais importante a fidelidade à palavra do Senhor, ainda que esta possa pôr em jogo a vida (cf. *Mc* 6,17-29). E Estêvão, ao ser privado da vida temporal porque testemunha fiel da ressurreição do Senhor, segue os passos do Mestre e vai ao encontro dos seus lapidadores com as palavras do perdão (cf. *At* 7,59-60), abrindo o caminho do exército inumerável dos mártires, venerados pela Igreja desde o princípio.

Todavia, ninguém pode escolher arbitrariamente viver ou morrer; efetivamente, senhor absoluto de tal decisão é apenas o Criador, aquele em quem «vivemos, nos movemos e existimos» *(At* 17,28).

«Todos os que a seguirem alcançarão a vida» (Br 4,1): da Lei do Sinai ao dom do Espírito

48. A vida traz indelevelmente inscrita nela *uma verdade sua*. O homem, *ao* acolher o dom de Deus, deve comprometer-se a *manter a vida nesta verdade*, que lhe é essencial. Desviar-se dela, equivale a condenar-se a si próprio à insignificância e à infelicidade, com a conseqüência de poder tornar-se também uma ameaça para a existência dos outros, já que foram rompidos os diques que garantiam o respeito e a defesa da vida, em qualquer situação.

A verdade da vida é revelada pelo mandamento de Deus. A palavra do Senhor indica concretamente a direção que a vida deve seguir, para poder respeitar a própria verdade e salvaguardar a sua dignidade. Não é apenas o mandamento específico — «não matarás» *(Ex* 20,13; *Dt* 5,17) — a garantir a proteção da vida; mas *a Lei do Senhor em toda a sua extensão* está a serviço dessa proteção, porque revela aquela verdade na qual a vida encontra o seu pleno significado.

Não admira, pois, que a Aliança de Deus com o seu povo esteja tão intensamente ligada à perspectiva da vida, mesmo na sua dimensão corpórea. Naquela, o *mandamento* é dado como *caminho da vida:* «Vê, ofereço-te hoje, de um lado, a vida e o bem; de outro, a morte e o mal. Recomendo-te hoje que ames o Senhor, teu Deus, que andes nos seus caminhos, que guardes os seus preceitos, suas leis e seus decretos. Se assim fizeres, viverás, engrandecer-te-ás e serás abençoado pelo Senhor, teu Deus, na terra em que vais entrar para a possuir» *(Dt* 30,15-16). Não está em questão apenas a terra de Canaã e a existência do povo de Israel, mas também o mundo de hoje e do futuro e a existência de toda a humanidade. De fato, não é possível, absolutamente, a vida permanecer autêntica e plena, quando se afasta do bem; e o bem, por sua vez, está essencialmente ligado aos mandamentos do Senhor, isto é, à «lei da vida» *(Eclo* 17,11). O bem que se tem de realizar, não é imposto à vida como um fardo que pesa sobre ela, porque a própria razão da vida é precisamente o bem, e a vida é construída apenas mediante o cumprimento do bem.

Portanto, é *a Lei no seu todo* que salvaguarda plenamente a vida do homem. Isto explica como é difícil manter-se fiel ao preceito «não matarás», quando não são observadas as demais «palavras de vida» *(At* 7,38), às quais ele está ligado. Fora deste horizonte, o mandamento acaba por se tornar uma mera obrigação extrínseca, da qual bem depressa desejar-se-ão ver os limites e procurar-se-ão as atenuantes ou as exceções. Só se nos abrirmos à plenitude da verdade acerca de Deus, do homem e da história, é que o preceito «não matarás» voltará a resplandecer como o melhor para o homem em todas as suas dimensões e relações. Nesta perspectiva, podemos atingir a plenitude da verdade contida na passagem do Livro do Deuteronômio, retomada por Jesus na resposta à primeira tentação: «O homem não vive somente de pão, mas de tudo o que sai da boca do Senhor» (8,3; cf. *Mt* 4,4).

É escutando a palavra do Senhor que o homem pode viver com dignidade e justiça; é observando a lei de Deus que o homem pode produzir frutos de vida e de felicidade: «Todos os que a seguirem alcançarão a vida, e os que a abandonarem cairão na morte» *(Br* 4,1*)*.

49. A história de Israel mostra como é difícil *permanecer fiel à lei da vida,* que Deus inscreveu no coração dos homens e entregou no Sinai ao povo da Aliança. Contra a busca de projetos de vida alternativos ao plano de Deus, levantam-se de modo particular os Profetas, recordando insistentemente que só o Senhor é a autêntica fonte da vida. Assim escreve Jeremias: «O meu povo cometeu um duplo crime: abandonou-me a mim, fonte de águas vivas, para cavar cisternas, cisternas rotas, que não podem reter as águas» *(*2,13*)*. Os Profetas apontam o dedo acusador contra aqueles que desprezam a vida e violam os direitos das pessoas: «Esmagam como o pó da terra a cabeça do pobre» *(Am* 2,7*)*; «mancharam este lugar com o sangue de inocentes» *(Jr* 19,4*)*. E a estes,

vem juntar-se o profeta Ezequiel que mais de uma vez verbera a cidade de Jerusalém, designando-a como «a cidade sanguinária» (22,2; 24,6.9), a «cidade que derramou o sangue no seu seio» (22,3).

Mas, ao mesmo tempo que denunciam as ofensas contra a vida, os Profetas preocupam-se sobretudo por suscitar *a esperança de um novo princípio de vida,* capaz de fundar um renovado relacionamento com Deus e com os irmãos, entreabrindo possibilidades inéditas e extraordinárias para compreender e atuar todas as exigências contidas no *Evangelho da vida.* Isso será possível unicamente mediante um dom de Deus, que purifique e renove: «Derramarei sobre vós uma água pura e sereis purificados; eu vos purificarei de todas as manchas e de todos os pecados. Dar-vos-ei um coração novo e infundirei em vós um espírito novo» *(Ez* 36,25-26; cf. *Jr* 31,31-34). Graças a este «coração novo», pode-se compreender e realizar o sentido mais verdadeiro e profundo da vida: ser *um dom que se consome no dar-se.* É a mensagem luminosa sobre o valor da vida que nos vem da figura do Servo do Senhor: «Oferecendo a sua vida em sacrifício expiatório, terá uma posteridade duradoura e viverá longos dias. (...) Livrada a sua alma dos tormentos, verá a luz» *(Is* 53,10.11).

Na existência de Jesus de Nazaré, a Lei teve pleno cumprimento, ao ser dado o coração novo por meio do seu Espírito. Com efeito, Cristo não revoga a Lei, mas leva-a ao seu pleno cumprimento (cf. *Mt* 5,17): a Lei e os Profetas resumem-se na regra-áurea do amor recíproco (cf. *Mt* 7,12). Nele, a Lei torna-se definitivamente «evangelho», feliz notícia do domínio de Deus sobre o mundo, que reconduz toda a existência às suas raízes e perspectivas originais. É a *Nova Lei;* «a lei do Espírito que dá vida em Cristo Jesus» *(Rm* 8,2), cuja expressão fundamental, a exemplo do Senhor que dá a vida pelos próprios amigos (cf. *Jo* 15,13), é o *dom de si no amor aos irmãos:* «Nós sabemos que passamos da morte para a vida, porque amamos os irmãos» *(1Jo* 3,14). É lei de liberdade, alegria e felicidade.

«Olharão para aquele que trespassaram» (Jo 19,37): *na árvore da Cruz, cumpre-se o Evangelho da Vida*

50. No final deste capítulo, em que meditamos a mensagem cristã sobre a vida, quereria deter-me com cada um de vós a *contemplar aquele que trespassaram* e que atrai todos a si (cf. *Jo* 19,37; 12,32). Levantando os olhos para «o espetáculo» da cruz (cf. *Lc* 23,48), poderemos descobrir, nesta árvore gloriosa, o cumprimento e a plena revelação de todo o *Evangelho da vida.*

Nas primeiras horas da tarde de Sexta-feira Santa, «as trevas cobriram toda a terra (…) tendo desaparecido o sol. O véu do Templo rasgou-se ao meio» *(Lc* 23,44.45). É o símbolo de uma grande perturbação cósmica e de uma luta atroz das forças do bem contra as do mal, da vida contra a morte. Também hoje nos encontramos no meio de uma luta dramática entre a «cultura da morte» e a «cultura da vida». Mas o esplendor da Cruz não fica submerso pelas trevas; pelo contrário, aquela desenha-se ainda mais clara e luminosa, revelando-se como o centro, o sentido e o fim da história inteira e de toda a vida humana.

Jesus é pregado na cruz e levantado da terra. Vive o momento da sua máxima «impotência», e a sua vida parece totalmente abandonada aos insultos dos seus adversários e às mãos dos seus carrascos: é humilhado, escarnecido, ultrajado (cf. *Mc* 15,24-36). E contudo, precisamente diante de tudo isso e «ao vê-lo expirar daquela maneira», o centurião romano exclama: «Verdadeiramente este homem era o Filho de Deus!» *(Mc* 15,39). Revela-se assim, no momento da sua extrema debilidade, a identidade do Filho de Deus: *na Cruz, manifesta-se a sua glória!*

Com a sua morte, Jesus ilumina o sentido da vida e da morte de todo ser humano. Antes de morrer, Jesus reza ao Pai, pedindo perdão para os seus perseguidores (cf. *Lc* 23,34), e ao malfeitor, que lhe pede para se recordar dele no seu reino, responde: «Em verdade te digo: hoje estarás Comigo no Paraíso» *(Lc* 23,43). Depois da sua morte, «abriram-se os túmulos e muitos corpos de santos que estavam mortos, ressuscitaram» *(Mt* 27,52). A salvação, operada por Jesus, é doação de vida e de ressurreição. Ao longo da sua existência, Jesus tinha concedido a salvação, curando e fazendo o bem a todos (cf. *At* 10,38).

Mas os milagres, as curas e as próprias ressurreições eram sinal de outra salvação que consiste no perdão dos pecados, ou seja, na libertação do homem do mal mais profundo, e na sua elevação à própria vida de Deus.

Na Cruz, renova-se e realiza-se, em sua perfeição plena e definitiva, o prodígio da serpente erguida por Moisés no deserto (cf. *Jo* 3,14-15; *Nm* 21,8-9). Também hoje, voltando o olhar para aquele que foi trespassado, cada homem com a sua existência ameaçada recobra a esperança segura de encontrar libertação e redenção.

51. Mas há ainda outro acontecimento específico que atrai o meu olhar e merece compenetrada meditação. «Quando Jesus tomou o vinagre, exclamou: "Tudo está consumado". E inclinando a cabeça, entregou o espírito» *(Jo* 19,30). E o soldado romano «perfurou-lhe o lado com uma lança e logo saiu sangue e água» *(Jo* 19,34).

Tudo chegou já ao seu pleno cumprimento. O «entregar o espírito» exprime certamente a morte de Jesus, semelhante à de qualquer outro ser humano, mas parece aludir também ao «dom do Espírito», com que ele nos resgata da morte e desperta para uma vida nova.

A própria vida de Deus é participada ao homem. Mediante os sacramentos da Igreja — cujo símbolo são o sangue e a água, que brotam do lado de Cristo —, aquela vida é incessantemente comunicada aos filhos de Deus, constituídos como povo da nova aliança. *Da Cruz, fonte de vida, nasce e se propaga o «povo da vida».*

Deste modo, a contemplação da Cruz leva-nos às raízes mais profundas daquilo que sucedeu. Jesus que, ao entrar no mundo, tinha dito: «Eis que venho, ó Deus, para fazer a tua vontade» (cf. *Hb* 10,9), fez-se em tudo obediente ao Pai, e tendo «amado os seus que estavam no mundo, amou-os até ao fim» (*Jo* 13,1), entregando-se inteiramente por eles.

Ele que não «veio para ser servido, mas para servir e dar a vida em resgate por todos» (*Mc* 10,45), chega ao vértice do amor na Cruz: «Ninguém tem maior amor do que aquele que dá a vida pelos seus amigos» (*Jo* 15,13). E ele morreu por nós, quando éramos ainda pecadores (cf. *Rm* 5,8).

Deste modo, Cristo proclama que *a vida atinge o seu centro, sentido e plenitude quando é doada.*

Chegada a este ponto, a meditação faz-se louvor e agradecimento e, ao mesmo tempo, estimula-nos a imitar Jesus e a seguir os seus passos (cf. *1Pd* 2,21).

Também nós somos chamados a dar a nossa vida pelos irmãos, realizando assim, na sua verdade mais plena, o sentido e o destino da nossa existência.

Poderemos fazê-lo porque vós, Senhor, nos destes o exemplo e comunicastes a força do Espírito. Poderemos fazê-lo se cada dia, convosco e como vós, formos obedientes ao Pai e fizermos a sua vontade.

Concedei-nos, pois, ouvir com coração dócil e generoso toda palavra que sai da boca de Deus: aprenderemos assim não apenas a «não matar» a vida do homem, mas também a sabê-la venerar, amar e promover.

CAPÍTULO III

NÃO MATARÁS

A LEI SANTA DE DEUS

«Se queres entrar na vida eterna, cumpre os mandamentos» (Mt 19,17): Evangelho e mandamento

52. «Aproximou-se dele um jovem e disse-lhe: "Que hei de fazer de bom para alcançar a vida eterna?"» *(Mt* 19,16). Jesus respondeu: «Se queres entrar na vida eterna, cumpre os mandamentos» *(Mt* 19,17). O Mestre fala da vida eterna, isto é, da participação na própria vida de Deus. A esta vida, chega-se através da observância dos mandamentos, incluindo naturalmente aquele que diz «não matarás». Este é precisamente o primeiro preceito do Decálogo que Jesus recorda ao jovem, quando este lhe solicita os mandamentos que terá de cumprir: «Retorquiu Jesus: "Não matarás; não cometerás adultério; não roubarás..."» *(Mt* 19,18).

O mandamento de Deus nunca está separado do seu amor: é sempre um dom para o crescimento e a alegria do homem. Como tal, constitui um aspecto essencial e um elemento inalienável do Evangelho; mais, o próprio mandamento se configura como «evangelho», ou seja, uma boa e feliz notícia. Também o *Evangelho da vida* é um grande dom de Deus e simultaneamente uma exigente tarefa para o homem. Aquele suscita assombro e gratidão na pessoa livre e pede para ser acolhido, guardado e valorizado com vivo sentimento de responsabilidade: *dando-lhe a vida*, Deus *exige* do homem que a ame, respeite e promova. Deste modo, *o dom faz-se mandamento, e o mandamento é em si mesmo um dom.*

Imagem viva de Deus, o homem foi querido pelo seu Criador como rei e senhor. «Deus fez o homem — escreve São Gregório de Nissa — de forma tal que pudesse desempenhar a sua função de rei da terra. (...) O homem foi criado à imagem daquele que governa o universo. Tudo indica que, desde o princípio, a sua natureza está marcada pela realeza. (...) Assim a natureza humana, criada para ser senhora das outras criaturas, à semelhança do Soberano do universo, foi estabelecida como sua imagem viva, participante da dignidade do divino Arquétipo».[38] Chamado para ser fecundo e multiplicar-se, sujeitar a terra e dominar sobre os seres que lhe são inferiores (cf. *Gn* 1,28), o homem é rei e senhor não apenas das coisas, mas também e primariamente de

---

38. *A criação do homem*, 4: *PG* 44, 136.

si mesmo[39] e, em certo sentido, da vida que lhe é dada e que ele pode transmitir por meio da geração cumprida no amor e no respeito do desígnio de Deus. No entanto, o seu *domínio* não é absoluto, mas *ministerial*: é reflexo concreto do domínio único e infinito de Deus. Por isso, o homem deve vivê-lo com *sabedoria e amor*, participando da sabedoria e do amor incomensurável de Deus. E isto verifica-se pela obediência à sua Lei santa: uma obediência livre e alegre (cf. *Sl* 119/118) que nasce e se alimenta da certeza de que os preceitos do Senhor são dons de graça, confiados ao homem sempre e só para o seu bem, para a defesa da sua dignidade pessoal e para atingir a sua felicidade.

Aquilo que foi dito referente às coisas, vale ainda mais agora no contexto da vida: o homem não é senhor absoluto e árbitro incontestável, mas — e nisso está a sua grandeza incomparável — é «ministro do desígnio de Deus».[40]

A vida é confiada ao homem como um tesouro que não pode depreciar, como um talento que deve pôr a render. Dela terá de prestar contas ao seu Senhor (cf. *Mt* 25,14-30; *Lc* 19,12-27).

---

39. Cf. S. JOÃO DAMASCENO, *A reta fé*, 2, 12: *PG* 94, 920 e 922; citado por S. TOMÁS DE AQUINO, *Summa Theologiae*, I-II, Prol.

40. PAULO VI, Carta enc. *Humanae vitae* (25 de julho de 1968), n. 13: *AAS* 60 (1968), 489.

«Ao homem, pedirei contas da vida do homem» (Gn 9,5): a vida humana é sagrada e inviolável

53. «A vida humana é sagrada, porque, desde a sua origem, supõe "a ação criadora de Deus" e mantém-se para sempre numa relação especial com o Criador, seu único fim. Só Deus é senhor da vida, desde o princípio até o fim: ninguém, em circunstância alguma, pode reivindicar o direito de destruir diretamente um ser humano inocente».[41] Com estas palavras, a Instrução *Donum vitae* expõe o conteúdo central da revelação de Deus sobre a sacralidade e inviolabilidade da vida humana.

De fato, a *Sagrada Escritura* apresenta ao homem o preceito «não matarás» *(Ex 20,13; Dt 5,17)* como mandamento divino. Como já sublinhei, encontra-se no Decálogo, no coração da Aliança, que o Senhor concluiu com o povo eleito; mas estava já contido na aliança primordial de Deus com a humanidade, após o castigo purificador do dilúvio, que fora provocado pelo incremento do pecado e da violência (cf. *Gn* 9,5-6).

Deus proclama-se Senhor absoluto da vida do homem, formado à sua imagem e semelhança (cf.

---

41. CONGREGAÇÃO PARA A DOUTRINA DA FÉ, Instrução sobre o respeito à vida humana nascente e a dignidade da procriação *Donum vitae* (22 de fevereiro de 1987) Intr., n. 5: *AAS* 80 (1988), 76-77; cf. *Catecismo da Igreja Católica*, n. 2258.

Gn 1,26-28). A vida humana possui, portanto, um caráter sagrado e inviolável, no qual se reflete a própria inviolabilidade do Criador. Por isso mesmo, será Deus que se fará juiz severo de qualquer violação do mandamento «não matarás», colocado na base de toda a convivência social. Deus é o *go'el*, ou seja, o defensor do inocente (cf. *Gn* 4,9-15; *Is* 41,14; *Jr* 50,34; *Sl* 19/18,15). Deus comprova, assim também, que não se alegra com a perdição dos vivos (cf. *Sb* 1,13). Com esta, apenas Satanás se pode alegrar: foi por sua inveja que a morte entrou no mundo (cf. *Sb* 2,24). «Assassino desde o princípio», o diabo é também «mentiroso e pai da mentira» *(Jo* 8,44): enganando o homem, levou-o para metas de pecado e de morte, apresentadas como objetivos e frutos de vida.

54. O preceito «não matarás», explicitamente, tem um forte conteúdo negativo: indica o limite extremo que nunca poderá ser transposto. Implicitamente, porém, induz a uma atitude positiva de respeito absoluto pela vida, levando a promovê-la e a crescer seguindo o caminho do amor que se dá, acolhe e serve. Também o povo da Aliança, ainda que lentamente e não sem contradições, experimentou um amadurecimento progressivo nessa direção, preparando-se assim para a grande proclamação de Jesus: o amor do próximo é um mandamento semelhante ao do amor de Deus; «destes dois mandamentos depende toda a Lei e os Profetas» *(Mt* 22,36-40). «Com efeito, (...) não matarás (...) e qualquer dos outros mandamentos

— sublinha São Paulo — resumem-se nestas palavras: "Amarás ao próximo como a ti mesmo"» (*Rm* 13,9; cf. *Gl* 5,14). Assumido e levado à perfeição na Nova Lei, o preceito «não matarás» permanece como condição indispensável para poder «entrar na vida» (cf. *Mt* 19,16-19). E, nesta mesma perspectiva, aponta decisivamente a palavra do apóstolo João: «Todo aquele que odeia o seu irmão é homicida e sabeis que nenhum homicida tem a vida eterna permanentemente em si» *(1Jo* 3,15).

Desde os seus primórdios, a *Tradição viva da Igreja* — como testemunha a *Didaké,* o escrito cristão extra-bíblico mais antigo — reafirmou de modo categórico o mandamento «não matarás»: «Há dois caminhos, um da vida e o outro da morte; mas entre os dois existe uma grande diferença. (...) Segundo o preceito da doutrina: não matarás; (...) não matarás o embrião por meio do aborto, nem farás que morra o recém-nascido. (...) Este é o caminho da morte: (...) não têm compaixão do pobre, não sofrem com o enfermo, nem reconhecem o seu Criador; assassinam os seus filhos e pelo aborto fazem perecer criaturas de Deus; desprezam o necessitado, oprimem o atribulado, são defensores dos ricos e juízes injustos dos pobres; estão cheios de todo pecado. Possais, filhos, permanecer sempre longe de todas estas culpas!»[42]

42. *Didaké* I, 1; II, 1-2; V, 1.3: *Patres Apostolici* (ed. F.X. Funk) I, 2-3, 6-9, 14-17; cf. *Carta do pseudo-Barnabé,* XIX, 5: *o.c.,* 90-93.

Ao longo dos tempos, a Tradição da Igreja ensinou sempre e unanimemente o valor absoluto e permanente do mandamento «não matarás». Sabe-se que, nos primeiros séculos, o homicídio se contava entre os três pecados mais graves — juntamente com a apostasia e o adultério —, e exigia-se uma penitência pública particularmente onerosa e demorada, antes de ser concedido ao homicida arrependido o perdão e a readmissão na comunidade eclesial.

55. Não há de que se maravilhar! Matar o ser humano, no qual está presente a imagem de Deus, é pecado de particular gravidade. *Só Deus é dono da vida!* No entanto, frente aos múltiplos casos, freqüentemente dramáticos, que a vida individual e social apresenta, a reflexão dos crentes procurou sempre alcançar um conhecimento mais completo e profundo daquilo que o mandamento de Deus proíbe e prescreve.[43] Com efeito, há situações onde os valores propostos pela Lei de Deus parecem formar um verdadeiro paradoxo. É o caso, por exemplo, da *legítima defesa,* onde o direito de proteger a própria vida e o dever de não lesar a alheia se revelam, na prática, dificilmente conciliáveis. Sem dúvida que o valor intrínseco da vida e o dever de dedicar um amor a si mesmo não menor que aos outros, fundam *um verdadeiro direito à própria defesa.* O próprio pre-

---

43. Cf. *Catecismo da Igreja Católica,* nn. 2263-2269; *Catecismo do Concílio de Trento,* III, §§ 327-332.

ceito que manda amar os outros, enunciado no Antigo Testamento e confirmado por Jesus, supõe o amor a si mesmo como termo de comparação: «Amarás o teu próximo *como a ti mesmo*» *(Mc* 12,31). Portanto, ninguém poderia renunciar ao direito de se defender por carência de amor à vida ou a si mesmo, mas apenas em virtude de um amor heróico que, na linha do espírito das bem-aventuranças evangélicas (cf. *Mt* 5,38-48), aprofunde o amor a si mesmo, transfigurando-o naquela oblação radical cujo exemplo mais sublime é o próprio Senhor Jesus.

Por outro lado, «a legítima defesa pode ser, não somente um direito, mas um dever grave, para aquele que é responsável pela vida de outrem, do bem comum da família ou da sociedade».[44] Acontece, infelizmente, que a necessidade de colocar o agressor em condições de não molestar implique, às vezes, a sua eliminação. Nesta hipótese, o desfecho mortal há de ser atribuído ao próprio agressor que a tal se expôs com a sua ação, inclusive no caso em que ele não fosse moralmente responsável por falta do uso da razão.[45]

56. Nesta linha, coloca-se o problema da *pena de morte*, à volta do qual se registra, tanto na Igreja

44. *Catecismo da Igreja Católica*, n. 2265.

45. Cf. S. Tomás de Aquino, *Summa Theologiae*, II-II, q. 64, a. 7; S. Afonso de Ligório, *Theologia moralis*, III, trat. 4, c. 1, duv. 3.

como na sociedade, a tendência crescente para pedir uma aplicação muito limitada, ou melhor, a total abolição da mesma. O problema há de ser enquadrado na perspectiva de uma justiça penal, que seja cada vez mais conforme com a dignidade do homem e portanto, em última análise, com o desígnio de Deus para o homem e a sociedade. Na verdade, a pena, que a sociedade inflige, tem «como primeiro efeito o de compensar a desordem introduzida pela falta».[46] A autoridade pública deve fazer justiça pela violação dos direitos pessoais e sociais, impondo ao réu uma adequada expiação do crime como condição para ser readmitido no exercício da própria liberdade. Deste modo, a autoridade há de procurar alcançar o objetivo de defender a ordem pública e a segurança das pessoas, não deixando, contudo, de oferecer estímulo e ajuda ao próprio réu para se corrigir e redimir.[47]

Claro está que, para bem conseguir todos estes fins, *a medida e a qualidade da pena* hão de ser atentamente ponderadas e decididas, não se devendo chegar à medida extrema da execução do réu senão em casos de absoluta necessidade, ou seja, quando a defesa da sociedade não fosse possível de outro modo. Mas, hoje, graças à organização cada vez mais adequada da instituição penal, esses casos são já muito raros, se não mesmo praticamente inexistentes.

46. *Catecismo da Igreja Católica*, n. 2266.
47. Cf. *Ibid.*, n. 2266.

Em todo caso, permanece válido o princípio indicado pelo novo *Catecismo da Igreja Católica:* «na medida em que outros processos, que não a pena de morte e as operações militares, bastarem para defender as vidas humanas contra o agressor e para proteger a paz pública, tais processos não sangrentos devem ser preferidos, por serem proporcionados e mais conformes com o fim em vista e a dignidade humana».[48]

57. Se se deve mostrar uma atenção assim tão grande por qualquer vida, mesmo pela do réu e a do injusto agressor, o mandamento «não matarás» tem valor absoluto quando se refere à *pessoa inocente*. E mais ainda, quando se trata de um ser frágil e indefeso que encontra a sua defesa radical do arbítrio e da prepotência alheia, unicamente na força absoluta do mandamento de Deus.

De fato, a inviolabilidade absoluta da vida humana inocente é uma verdade moral explicitamente ensinada na Sagrada Escritura, constantemente mantida na Tradição da Igreja e unanimemente proposta pelo seu Magistério. Tal unanimidade é fruto evidente daquele «sentido sobrenatural da fé» que, suscitado e apoiado pelo Espírito Santo, preserva do erro o Povo de Deus, quando «manifesta consenso universal em matéria de fé e costumes».[49]

48. N. 2267.

49. CONC. ECUM. VAT. II, Const. dogm. sobre a Igreja *Lumen gentium,* 12.

Face ao progressivo enfraquecimento, nas consciências e na sociedade, da percepção da absoluta e grave ilicitude moral da eliminação direta de qualquer vida humana inocente, sobretudo no seu início e no seu termo, o *Magistério da Igreja* intensificou as suas intervenções em defesa da sacralidade e inviolabilidade da vida humana. Ao Magistério pontifício, particularmente insistente, sempre se uniu o Magistério episcopal, com numerosos e amplos documentos doutrinais e pastorais emanados quer pelas Conferências Episcopais, quer pelos Bispos individualmente. Não faltou sequer, forte e incisiva na sua brevidade, a intervenção do Concílio Vaticano II.[50]

Portanto, com a autoridade que Cristo conferiu a Pedro e aos seus sucessores, em comunhão com os Bispos da Igreja Católica, *confirmo que a morte direta e voluntária de um ser humano inocente é sempre gravemente imoral.* Esta doutrina, fundada naquela lei não-escrita que todo homem, pela luz da razão, encontra no próprio coração (cf. *Rm* 2,14-15), é confirmada pela Sagrada Escritura, transmitida pela Tradição da Igreja e ensinada pelo Magisterio ordinário e universal.[51]

A decisão deliberada de privar um ser humano inocente da sua vida é sempre má do ponto de vista

---

[50]. Cf. Const. past. sobre a Igreja no mundo contemporâneo *Gaudium et spes,* 27.

[51]. Cf. CONC. ECUM. VAT. II, Const. dogm. sobre a Igreja *Lumen gentium,* 25.

moral, e nunca pode ser lícita nem como fim, nem como meio para um fim bom. É, de fato, uma grave desobediência à lei moral, antes ao próprio Deus, autor e garante desta; contradiz as virtudes fundamentais da justiça e da caridade. «Nada e ninguém pode autorizar que se dê a morte a um ser humano inocente seja ele feto ou embrião, criança ou adulto, velho, doente incurável ou agonizante. E também a ninguém é permitido requerer este gesto homicida para si ou para outrem confiado à sua responsabilidade, nem sequer consenti-lo explícita ou implicitamente. Não há autoridade alguma que o possa legitimamente impor ou permitir.»[52]

No que se refere ao direito à vida, cada ser humano inocente é absolutamente igual a todos os demais. Esta igualdade é a base de todo relacionamento social autêntico, o qual, para o ser verdadeiramente, não pode deixar de se fundar sobre a verdade e a justiça, reconhecendo e tutelando cada homem e cada mulher como pessoa, e não como coisa de que se possa dispor. Diante da norma moral que proíbe a eliminação direta de um ser humano inocente, *«não existem privilégios, nem exceções para ninguém*. Ser o dono do mundo ou o último "miserável" sobre

---

52. Congregação para a Doutrina da Fé, Declaração sobre a eutanásia *Iura et bona* (5 de maio de 1980), II: *AAS* 72 (1980), 546.

a face da terra, não faz diferença alguma: perante as exigências morais, todos somos absolutamente iguais».[53]

«Vossos olhos contemplaram-me ainda em embrião» (Sl 139/138,16): o crime abominável do aborto

58. Dentre todos os crimes que o homem pode realizar contra a vida, o aborto provocado apresenta características que o tornam particularmente grave e abjurável. O Concílio Vaticano II define-o, juntamente com o infanticídio, «crime abominável».[54]

Mas hoje, a percepção da sua gravidade vai-se obscurecendo progressivamente em muitas consciências. A aceitação do aborto na mentalidade, nos costumes e na própria lei, é sinal eloquente de uma perigosíssima crise do sentido moral que se torna cada vez mais incapaz de distinguir o bem do mal, mesmo quando está em jogo o direito fundamental à vida. Diante de tão grave situação, impõe-se mais que nunca a coragem de olhar frontalmente a verdade e *chamar as coisas pelo seu nome,* sem ceder a compromissos com o que nos é mais cômodo, nem à tentação de auto-engano. A propósito disto, ressoa

53. João Paulo II, Carta enc. *Veritatis splendor* (6 de agosto de 1993), n. 96: *AAS* 85 (1993), 1209.

54. Const. past. sobre a Igreja no mundo contemporâneo *Gaudium et spes,* 51: «Abortus necnon infanticidium nefanda sunt crimina».

categórica a censura do Profeta: «Ai dos que ao mal chamam bem, e ao bem, mal, que têm as trevas por luz e a luz por trevas» (*Is* 5,20). Precisamente no caso do aborto, verifica-se a difusão de uma terminologia ambígua, como «interrupção da gravidez», que tende a esconder a verdadeira natureza dele e a atenuar a sua gravidade na opinião pública. Talvez este fenômeno linguístico seja já, em si mesmo, sintoma de um mal-estar das consciências. Mas nenhuma palavra basta para alterar a realidade das coisas: o aborto provocado é *a morte deliberada e direta, independentemente da forma como venha realizada, de um ser humano na fase inicial da sua existência, que vai da concepção ao nascimento.*

A gravidade moral do aborto provocado aparece em toda a sua verdade, quando se reconhece que se trata de um homicídio e, particularmente, quando se consideram as circunstâncias específicas que o qualificam. A pessoa eliminada é um ser humano que começa a desabrochar para a vida, isto é, o que de mais *inocente,* em absoluto, se possa imaginar: nunca poderia ser considerado um agressor, menos ainda um injusto agressor! É *frágil,* indefeso, e numa medida tal que o deixa privado inclusive daquela forma mínima de defesa constituída pela força suplicante dos gemidos e do choro do recém-nascido. Está *totalmente entregue* à proteção e aos cuidados daquela que o traz no seio. E todavia, às vezes, é precisamente ela, a mãe, quem decide e pede a sua eliminação, ou até a provoca.

É verdade que, muitas vezes, a opção de abortar reveste para a mãe um caráter dramático e doloroso: a decisão de se desfazer do fruto concebido não é tomada por razões puramente egoístas ou de comodidade, mas porque se quereriam salvaguardar alguns bens importantes como a própria saúde ou um nível de vida digno para os outros membros da família. Às vezes, temem-se para o nascituro condições de existência tais que levam a pensar que seria melhor para ele não nascer. Mas estas e outras razões semelhantes, por mais graves e dramáticas que sejam, *nunca podem justificar a supressão deliberada de um ser humano inocente.*

59. A decidirem a morte da criança ainda não nascida, a par da mãe, aparecem, com freqüência, outras pessoas. Antes de mais, culpado pode ser o pai da criança, não apenas quando claramente constringe a mulher ao aborto, mas também quando favorece indiretamente tal decisão ao deixá-la sozinha com os problemas de uma gravidez:[55] desse modo, a família fica mortalmente ferida e profanada na sua natureza de comunidade de amor e na sua vocação para ser «santuário da vida». Nem se podem calar as solicitações que, às vezes, provêm do âmbito familiar mais alargado e dos amigos. A mulher, não raro, é sujeita a pressões tão fortes que se sente psicologicamente

---

55. Cf. JOÃO PAULO II, Carta ap. *Mulieris dignitatem* (15 de agosto de 1988), n. 14: *AAS* 80 (1988), 1686.

constrangida a ceder ao aborto: não há dúvida que, neste caso, a responsabilidade moral pesa particularmente sobre aqueles que direta ou indiretamente a forçaram a abortar. Responsáveis são também os médicos e outros profissionais da saúde, sempre que põem a serviço da morte a competência adquirida para promover a vida.

Mas a responsabilidade cai ainda sobre os legisladores que promoveram e aprovaram leis abortivas, e sobre os administradores das estruturas clínicas onde se praticam os abortos, na medida em que a sua execução deles dependa. Uma responsabilidade geral, mas não menos grave, cabe a todos aqueles que favoreceram a difusão de uma mentalidade de permissivismo sexual e de menosprezo pela maternidade, como também àqueles que deveriam ter assegurado — e não o fizeram — válidas políticas familiares e sociais de apoio às famílias, especialmente às mais numerosas ou com particulares dificuldades econômicas e educativas. Não se pode subestimar, enfim, a vasta rede de cumplicidades, nela incluindo instituições internacionais, fundações e associações, que se batem sistematicamente pela legalização e difusão do aborto no mundo. Neste sentido, o aborto ultrapassa a responsabilidade dos indivíduos e o dano que lhes é causado, para assumir uma dimensão fortemente social: é uma *ferida* gravíssima infligida à sociedade e à sua cultura por aqueles que deveriam ser os seus construtores e defensores. Como escrevi na *Carta às Famílias,* «encontramo-nos defronte a uma enorme ameaça contra a vida, não apenas dos simples indivíduos, mas também de toda a civilização».[56] Achamo-nos perante algo que bem se pode definir *uma «estrutura de pecado» contra a vida humana ainda não nascida.*

60. Alguns tentam justificar o aborto, defendendo que o fruto da concepção, pelo menos até um certo número de dias, não pode ainda ser considerado uma vida humana pessoal. Na realidade, porém, «a partir do momento em que o óvulo é fecundado, inaugura-se uma nova vida que não é a do pai nem a da mãe, mas sim a de um novo ser humano que se desenvolve por conta própria. Nunca mais se tornaria humana, se não o fosse já desde então. A esta evidência de sempre (...) a ciência genética moderna fornece preciosas confirmações. Demonstrou que, desde o primeiro instante, se encontra fixado o programa daquilo que será este ser vivo: uma pessoa, esta pessoa individual, com as suas notas características já bem determinadas. Desde a fecundação, tem início a aventura de uma vida humana, cujas grandes capacidades, já presentes cada uma delas, apenas exigem tempo para se organizar e encontrar prontas a agir».[57] Não podendo a presença de uma alma espiritual ser

---

56. N. 21: *AAS* 86 (1994), 920.

57. Congregação para a Doutrina da Fé, *Declaração sobre o aborto provocado* (18 de novembro de 1974), nn. 12-13: *AAS* 66 (1974), 738.

assinalada através da observação de qualquer dado experimental, são as próprias conclusões da ciência sobre o embrião humano a fornecer «uma indicação valiosa para discernir racionalmente uma presença pessoal já a partir desta primeira aparição de uma vida humana: como poderia um indivíduo humano não ser uma pessoa humana?»[58]

Aliás, o valor em jogo é tal que, sob o perfil moral, bastaria a simples probabilidade de encontrar-se em presença de uma pessoa para se justificar a mais categórica proibição de qualquer intervenção tendente a eliminar o embrião humano. Por isso mesmo, independentemente dos debates científicos e mesmo das afirmações filosóficas com os quais o Magistério não se empenhou expressamente, a Igreja sempre ensinou — e ensina — que tem de ser garantido ao fruto da geração humana, desde o primeiro instante da sua existência, o respeito incondicional que é moralmente devido ao ser humano na sua totalidade e unidade corporal e espiritual: «O *ser humano deve ser respeitado e tratado como uma pessoa desde a sua concepção* e, por isso, desde esse mesmo momento, devem-lhe ser reconhecidos os direitos da pessoa, entre os quais e primeiro de todos, o direito inviolável de cada ser humano inocente à vida».[59]

---

58. CONGREGAÇÃO PARA A DOUTRINA DA FÉ, Instrução sobre o respeito à vida humana nascente e a dignidade da procriação *Donum vitae* (22 de fevereiro de 1987), I, n. 1: *AAS* 80 *1988), 78-79.

59. *Ibid.*, I. 1: *o.c.*, 79.

61. Os textos da *Sagrada Escritura*, que nunca falam do aborto voluntário e, por conseguinte, também não apresentam condenações diretas e específicas do mesmo, mostram pelo ser humano no seio materno uma consideração tal que exige, como lógica conseqüência, que se estenda também a ele o mandamento de Deus: «não matarás».

A vida humana é sagrada e inviolável em cada momento da sua existência, inclusive na fase inicial que precede o nascimento. Desde o seio materno, o homem pertence a Deus que tudo perscruta e conhece, que o forma e plasma com suas mãos, que o vê quando ainda é um pequeno embrião informe, e que nele entrevê o adulto de amanhã, cujos dias estão todos contados e cuja vocação está já escrita no «livro da vida» (cf. *Sl* 139/138,1.13-16). Quando está ainda no seio materno — como testemunham numerosos textos bíblicos[60] — já o homem é objeto muito pessoal da amorosa e paterna providência de Deus.

60. Assim diz o profeta Jeremias: «Foi-me dirigida a palavra do Senhor, nestes termos: "Antes que fosses formado no ventre de tua mãe, eu já te conhecia; antes que saísses do seio materno, eu te consagrei, e te constituí profeta entre as nações"» (1,4-5). O salmista, por sua vez, assim fala ao Senhor: «Em vós me apoio desde o seio materno, desde o ventre materno sois o meu sustentáculo» (*Sl* 71/70, 6; cf. *Is* 46,3; *Jó* 10,8-12; *Sl* 22/21,10-11). Também o evangelista Lucas — no episódio admirável do encontro das duas mães, Isabel e Maria, e dos respectivos filhos, João Batista e Jesus, ainda ocultos no seio materno (cf. 1,39-45) — sublinha como

A Tradição cristã — como justamente se realça na *Declaração* sobre esta matéria, emanada pela Congregação para a Doutrina da Fé[61] — é clara e unânime, desde as suas origens até os nossos dias, em classificar o aborto como desordem moral particularmente grave. A comunidade cristã, desde o seu primeiro confronto com o mundo greco-romano onde se praticava amplamente o aborto e o infanticídio, opôs-se radicalmente, com a sua doutrina e a sua praxe, aos costumes generalizados naquela sociedade, como o demonstra a já citada *Didaké*.[62] Entre os escritores eclesiásticos da área linguística grega, Atenágoras recorda que os cristãos consideram homicidas as mulheres que recorrem a produtos abortivos, porque os filhos, apesar de estarem ainda no seio da mãe, «são já objeto dos cuidados da Providência divina».[63] Entre os latinos, Tertuliano afirma: «É um homicídio premeditado impedir de nascer; pouco importa que se suprima a alma já nascida ou que se faça desaparecer durante o tempo até ao nascer. É já um homem aquele que o será».[64]

o menino pressente a chegada do Menino e exulta de alegria.

61. Cf. *Declaração sobre o aborto provocado* (18 de novembro de 1974): *AAS* 66 (1974), 740-747.

62. «Não matarás o embrião por meio do aborto, nem farás que morra o recém-nascido»: *Didaké*, V, 2: *Patres Apostolici* (ed. F.X. Funk), I, 17.

63. *Apologia dos cristãos*, n. 35: *PG* 6, 969.

64. *Apologeticum*, IX, 8: *CSEL* 69, 24.

Ao longo da sua história já bimilenária, esta mesma doutrina foi constantemente ensinada pelos Padres da Igreja, pelos seus Pastores e Doutores. Mesmo as discussões de caráter científico e filosófico acerca do momento preciso da infusão da alma espiritual não incluíram nunca a mínima hesitação quanto à condenação moral do aborto.

62. *O Magistério pontifício* mais recente reafirmou, com grande vigor, esta doutrina comum. Em particular Pio XI, na encíclica *Casti connubii* rejeitou as alegadas justificações do aborto;[65] Pio XII excluiu todo aborto direto, isto é, qualquer ato que vise diretamente destruir a vida humana ainda não nascida, «quer tal destruição seja pretendida como fim ou apenas como meio para o fim»;[66] João XXIII corroborou que a vida humana é sagrada, porque «desde o seu despontar empenha diretamente a ação criadora de Deus».[67] O Concílio Vaticano II, como já foi recordado, condenou o aborto com grande severidade: «A vida deve, pois, ser salvaguardada com

65. Cf. Carta enc. *Casti connubii* (31 de dezembro de 1930), II: *AAS* 22 (1930), 562-592.

66. Discurso à União médico-biológica «S. Lucas» (12 de novembro de 1944): *Discursos e radiomensagens,* VI (1944-1945), 191; cf. Discurso à União Católica Italiana das Parteiras (29 de outubro de 1951), n. 2: *AAS* 43 (1951), 838.

67. Carta enc. *Mater et Magistra (15 de maio de 1961), n. 3: AAS* 53 (1961), 447.

extrema solicitude, desde o primeiro momento da concepção; o aborto e o infanticídio são crimes abomináveis».[68]

A *disciplina canônica da Igreja*, desde os primeiros séculos, puniu com sanções penais aqueles que se manchavam com a culpa do aborto, e tal praxe, com penas mais ou menos graves, foi confirmada nos sucessivos períodos históricos. O *Código de Direito Canônico* de 1917, para o aborto, prescrevia a pena de excomunhão.[69] Também a legislação canônica, há pouco renovada, continua nesta linha quando determina que «quem procurar o aborto, seguindo-se o efeito, incorre em excomunhão *latae sententiae*»,[70] isto é, automática. A excomunhão recai sobre todos aqueles que cometem este crime com conhecimento da pena, incluindo também cúmplices sem cujo contributo o aborto não se teria realizado:[71] com uma sanção assim reiterada, a Igreja aponta este crime como um dos mais graves e perigosos, incitando, deste modo, quem o comete a ingressar diligentemente pelo caminho da conversão. Na Igreja, de fato, a finalidade da pena de excomunhão é tornar

68. Const. past. sobre a Igreja no mundo contemporâneo *Gaudium et spes*, 51.

69. Cf. cân. 2350, § 1.

70. *Código de Direito Canônico*, cân. 1398; cf. ainda *Código dos Cânones das Igrejas Orientais*, cân. 1450, § 2.

71. Cf. *Ibid.*, cân. 1329; igualmente o *Código dos Cânones das Igrejas Orientais*, cân. 1417.

plenamente consciente da gravidade de um determinado pecado e, conseqüentemente, favorecer a adequada conversão e penitência.

Frente a semelhante unanimidade na tradição doutrinal e disciplinar da Igreja, Paulo VI pôde declarar que tal ensinamento não conheceu mudança e é imutável.[72] Portanto, com a autoridade que Cristo conferiu a Pedro e aos seus Sucessores, em comunhão com os Bispos — que de várias e repetidas formas condenaram o aborto e que, na consulta referida anteriormente, apesar de dispersos pelo mundo, afirmaram unânime consenso sobre esta doutrina — *declaro que o aborto direto, isto é, querido como fim ou como meio, constitui sempre uma desordem moral grave*, enquanto morte deliberada de um ser humano inocente. Tal doutrina está fundada sobre a lei natural e sobre a Palavra de Deus escrita, é transmitida pela Tradição da Igreja e ensinada pelo Magistério ordinário e universal.[73]

Nenhuma circunstância, nenhum fim, nenhuma lei no mundo poderá jamais tornar lícito um ato que é intrinsecamente ilícito, porque contrário à Lei de Deus, inscrita no coração de cada homem, reconhecível pela própria razão, e proclamada pela Igreja.

72. Cf. Discurso aos Juristas Católicos Italianos (9 de dezembro de 1972): *AAS* 64 (1972), 777; Carta enc. *Humanae vitae* (25 de julho de 1968), n. 14: *AAS* 60 (1968), 490.

73. Cf. CONC. ECUM. VAT. II, Const. dogm. sobre a Igreja *Lumen gentium*, 25.

63. A avaliação moral do aborto deve aplicar-se também às recentes formas de *intervenção sobre embriões humanos*, que, não obstante visarem objetivos em si legítimos, implicam inevitavelmente a sua morte. É o caso da *experimentação sobre embriões*, em crescente expansão no campo da pesquisa biomédica e legalmente admitida em alguns países. Se «devem ser consideradas lícitas as intervenções no embrião humano, sob a condição de que respeitem a vida e a integridade do embrião, não comportem para ele riscos desproporcionados, e sejam orientadas para a sua cura, para a melhoria das suas condições de saúde ou para a sua sobrevivência individual»,[74] impõe-se, pelo contrário, afirmar que o uso de embriões ou de fetos humanos como objeto de experimentação constitui um crime contra a sua dignidade de seres humanos, que têm direito ao mesmo respeito devido à criança já nascida e a qualquer pessoa.[75]

A mesma condenação moral vale para o sistema que desfruta os embriões e os fetos humanos ainda vivos — às vezes «produzidos» propositalmente para este fim através da fecundação in vitro — seja como «material biológico» à disposição, seja como

---

74. CONGREGAÇÃO PARA A DOUTRINA DA FÉ, Instrução sobre o respeito à vida humana nascente e a dignidade da procriação *Donum vitae* (22 de fevereiro de 1987), I 3: *AAS* 80 (1988), 80.

75. Cf. *Carta dos direitos da família* (22 de outubro de 1983), art. 4/b: *L'Osservatore Romano* (ed. portuguesa: 4 de dezembro de 1983), 6.

fornecedores de órgãos ou de tecidos para transplante no tratamento de algumas doenças. Na realidade, o assassínio de criaturas humanas inocentes, ainda que com vantagem para outras, constitui um ato absolutamente inaceitável.

Especial atenção deve ser reservada à avaliação moral das *técnicas de diagnose pré-natal,* que permitem individuar precocemente eventuais anomalias do nascituro. Com efeito, devido à complexidade dessas técnicas, a avaliação em causa deve fazer-se mais cuidadosa e articuladamente. Quando estão isentas de riscos desproporcionados para a criança e para a mãe, e se destinam a tornar possível uma terapia precoce ou ainda a favorecer uma serena e consciente aceitação do nascituro, estas técnicas são moralmente lícitas. Mas, dado que as possibilidade de cura antes do nascimento são hoje ainda reduzidas, acontece muitas vezes que essas técnicas são postas a serviço de uma mentalidade eugenista que aceita o aborto seletivo, para impedir o nascimento de crianças afetadas por tipos vários de anomalias. Semelhante mentalidade é ignominiosa e absolutamente reprovável, porque pretende medir o valor de uma vida humana apenas segundo parâmetros de «normalidade» e de bem-estar físico, abrindo assim o caminho à legitimação do infanticídio e da eutanásia.

Na realidade, porém, a própria coragem e serenidade com que muitos irmãos nossos, afetados por graves deficiências, conduzem a sua existência quando são aceitos e amados por nós, constituem um testemunho particularmente eficaz dos valores autênticos que qualificam a vida e a tornam, mesmo em condições difíceis, preciosa para si e para os outros. A Igreja sente-se solidária com os cônjuges que, com grande ansiedade e sofrimento, aceitam acolher os seus filhos gravemente deficientes, tal como se sente grata a todas as famílias que, pela adoção, acolhem os que são abandonados pelos seus pais por causa de limitações ou doenças.

«Só eu é que dou a vida e dou a morte» (Dt 32,39): o drama da eutanásia

64. No outro topo da existência, o homem encontra-se diante do mistério da morte. Hoje, na seqüência dos progressos da medicina e num contexto cultural freqüentemente fechado à transcendência, a experiência do morrer apresenta-se com algumas características novas. Com efeito, quando prevalece a tendência para apreciar a vida só na medida em que proporciona prazer e bem-estar, o sofrimento aparece como um contratempo insuportável, de que é preciso libertar-se a todo custo. A morte, considerada como «absurda» quando interrompe inesperadamente uma vida ainda aberta para um futuro rico de possíveis experiências interessantes, torna-se, pelo contrário, uma «libertação reivindicada», quando a existência é tida como já privada de sentido porque mergulhada na dor e inexoravelmente votada a um sofrimento sempre mais intenso.

Além disso, recusando ou esquecendo o seu relacionamento fundamental com Deus, o homem pensa que é critério e norma de si mesmo e julga que tem inclusive o direito de pedir à sociedade que lhe garanta possibilidades e modos de decidir da própria vida com plena e total autonomia. Em particular, o homem que vive nos países desenvolvidos é que assim se comporta: a tal se sente impelido, entre outras coisas, pelos contínuos progressos da medicina e das suas técnicas cada vez mais avançadas. Por meio de sistemas e aparelhagens extremamente sofisticadas, hoje a ciência e a prática médica são capazes de resolver casos anteriormente insolúveis e de aliviar ou eliminar a dor, como também de sustentar e prolongar a vida até em situações de debilidade extrema, de reanimar artificialmente pessoas cujas funções biológicas elementares sofreram danos imprevistos, de intervir para tornar disponíveis órgãos para transplante.

Num tal contexto, torna-se cada vez mais forte a tentação da *eutanásia,* isto é, de *apoderar-se da morte, provocando-a antes do tempo* e, deste modo, pondo fim «docemente» à vida própria ou alheia. Na realidade, aquilo que poderia parecer lógico e humano, quando visto em profundidade, apresenta-se *absurdo e desumano*. Estamos aqui perante um dos sintomas mais alarmantes da «cultura de morte» que avança sobretudo nas sociedades do bem-estar, caracterizadas por uma mentalidade eficientista que faz aparecer demasiadamente gravoso e insuportável o número crescente das pessoas idosas e debilitadas. Com muita freqüência, estas acabam por ser isoladas da família e da sociedade, organizada quase exclusivamente sobre a base de critérios de eficiência produtiva, segundo os quais uma vida irremediavelmente incapaz não tem mais qualquer valor.

65. Para um correto juízo moral da eutanásia, é preciso, antes de mais, defini-la claramente. Por *eutanásia, em sentido verdadeiro e próprio*, deve-se entender uma ação ou uma omissão que, por sua natureza e nas intenções, provoca a morte com o objetivo de eliminar o sofrimento. «A eutanásia situa-se, portanto, ao nível das intenções e ao nível dos métodos empregados».[76]

Distinta da eutanásia é a decisão de renunciar ao chamado «*excesso terapêutico*», ou seja, a certas intervenções médicas já inadequadas à situação real do doente, porque não proporcionadas aos resultados que se poderiam esperar ou ainda porque demasiado gravosas para ele e para a sua família. Nestas situações, quando a morte se anuncia iminente e inevitável, pode-se em consciência «renunciar a tratamentos que dariam somente um prolongamento precário e penoso da vida, sem, contudo, interromper os cuidados normais devidos ao doente em casos seme-

---

76. CONGREGAÇÃO PARA A DOUTRINA DA FÉ, Declaração sobre a eutanásia *Iura et bona* (5 de maio de 1980), II: *AAS* 72 (1980), 546.

lhantes».⁷⁷ Há, sem dúvida, a obrigação moral de se tratar e procurar curar-se, mas essa obrigação há de medir-se segundo as situações concretas, isto é, impõe-se avaliar se os meios terapêuticos à disposição são objetivamente proporcionados às perspectivas de melhoramento. A renúncia a meios extraordinários ou desproporcionados não equivale ao suicídio ou à eutanásia; exprime, antes, a aceitação da condição humana defronte à morte.⁷⁸

Na medicina atual, têm adquirido particular importância os denominados *«cuidados paliativos»*, destinados a tornar o sofrimento mais suportável na fase aguda da doença e assegurar ao mesmo tempo ao paciente um adequado acompanhamento humano. Neste contexto, entre outros problemas, levanta-se o da licitude do recurso aos diversos tipos de analgésicos e sedativos para aliviar o doente da dor, quando isso comporta o risco de lhe abreviar a vida. Ora, se pode realmente ser considerado digno de louvor quem voluntariamente aceita sofrer renunciando aos meios lenitivos da dor, para conservar a plena lucidez e, se crente, participar, de maneira consciente, na Paixão do Senhor, tal comportamento «heróico» não pode ser considerado obrigatório para todos. Já Pio XII afirmara que é lícito suprimir a dor por meio de narcóticos, mesmo com a conseqüência de limitar a consciência e abreviar a vida, «se não existem outros

77. *Ibid.*, IV: *o.c.*, 551.
78. Cf. *Ibid.*, IV: *o.c.*, 551.

meios e se, naquelas circunstâncias, isso em nada impede o cumprimento de outros deveres religiosos e morais».[79] É que, neste caso, a morte não é querida ou procurada, embora por motivos razoáveis se corra o risco dela: pretende-se simplesmente aliviar a dor de maneira eficaz, recorrendo aos analgésicos postos à disposição pela medicina. Contudo, «não se deve privar o moribundo da consciência de si mesmo, sem motivo grave»:[80] quando se aproxima a morte, as pessoas devem estar em condições de poder satisfazer as suas obrigações morais e familiares, e devem sobretudo poder preparar-se com plena consciência para o encontro definitivo com Deus.

Feitas estas distinções, em conformidade com o Magistério dos meus Predecessores[81] e em comu-

---

79. Discurso a um grupo internacional de médicos (24 de fevereiro de 1957), III: *AAS* 49 (1957), 147; cf. CONGREGAÇÃO PARA A DOUTRINA DA FÉ, Declaração sobre a eutanásia *Iura et bona*, III: *AAS* 72 (1980), 547-548.

80. PIO XII, Discurso a um grupo internacional de médicos (24 de fevereiro de 1957), III: *AAS* 49 (1957), 145.

81. Cf. PIO XII, Discurso a um grupo internacional de médicos (24 de fevereiro de 1957): *AAS* 49 (1957), 129-147; CONGREGAÇÃO DO SANTO OFÍCIO, *Decretum de directa insontium occisione* (2 de dezembro de 1940): *AAS* 32 (1940), 553-554; PAULO VI, Mensagem à televisão francesa «Toda a vida é sagrada» (27 de janeiro de 1971): *Insegnamenti* IX (1971), 57-58; Discurso ao International College of Surgeons (1º de junho de 1972):

nhão com os Bispos da Igreja Católica, *confirmo que a eutanásia é uma violação grave da Lei de Deus,* enquanto morte deliberada moralmente inaceitável de uma pessoa humana. Tal doutrina está fundada sobre a lei natural e sobre a Palavra de Deus escrita, é transmitida pela Tradição da Igreja e ensinada pelo Magistério ordinário e universal.[82]

A eutanásia comporta, segundo as circunstâncias, a malícia própria do suicídio ou do homicídio.

66. Ora, o suicídio é sempre moralmente inaceitável, tal como o homicídio. A tradição da Igreja sempre o recusou, como opção gravemente má.[83] Embora certos condicionalismos psicológicos, culturais e sociais possam levar a realizar um gesto que tão radicalmente contradiz a inclinação natural de cada um à vida, atenuando ou anulando a responsabilidade subjetiva, o suicídio, sob o perfil objetivo, é um ato gravemente imoral, porque comporta a recusa do amor por si mesmo e a renúncia aos deveres de justiça e caridade para com o próximo, com as várias

AAS 64 (1972), 432-436; Conc. Ecum. Vat. II, Const. past. sobre a Igreja no mundo contemporâneo *Gaudium et spes,* 27.

82. Cf. Conc. Ecum. Vat. II, Const. dogm. sobre a Igreja *Lumen gentium,* 25.

83. Cf. S. Agostinho, *De civitate Dei* I, 20: *CCL* 47, 22; S. Tomás de Aquino, *Summa Theologiae,* II-II, q. 6, a. 5.

comunidades de que se faz parte, e com a sociedade no seu conjunto.[84] No seu núcleo mais profundo, o suicídio constitui uma rejeição da soberania absoluta de Deus sobre a vida e sobre a morte, deste modo proclamada na oração do antigo Sábio de Israel: «Vós, Senhor, tendes o poder da vida e da morte, e conduzis os fortes à porta do Hades e de lá os tirais» *(Sb* 16,13; cf. *Tb* 13,2).

Compartilhar a intenção suicida de outrem e ajudar a realizá-la mediante o chamado «suicídio assistido», significa fazer-se colaborador e, por vezes, autor em primeira pessoa de uma injustiça que nunca pode ser justificada, nem sequer quando requerida. «Nunca é lícito — escreve com admirável atualidade Santo Agostinho — matar o outro: ainda que ele o quisesse, mesmo se ele o pedisse, porque, suspenso entre a vida e a morte, suplica ser ajudado a libertar a alma que luta contra os laços do corpo e deseja desprender-se; nem é lícito sequer quando o doente já não estivesse em condições de sobreviver».[85] Mesmo quando não é motivada pela recusa egoísta de cuidar da vida de quem sofre, a eutanásia deve designar-se uma *falsa compaixão,* antes uma preocupante «perversão» da mesma: a verdadeira «compai-

---

84. Cf. Congregação para a Doutrina da Fé, Declaração sobre a eutanásia *Iura et bona* (5 de maio de 1980), I: *AAS* 72 (1980), 545; *Catecismo da Igreja Católica,* nn. 2281-2283.

85. *Epistula* 204, 5: *CSEL* 57, 320.

xão», de fato, torna solidário com a dor alheia, não suprime aquele de quem não se pode suportar o sofrimento. E mais perverso ainda se manifesta o gesto da eutanásia, quando é realizado por aqueles que — como os parentes — deveriam assistir com paciência e amor o seu familiar, ou por quantos — como os médicos —, pela sua específica profissão, deveriam tratar o doente, inclusive nas condições terminais mais penosas.

A decisão da eutanásia torna-se mais grave, quando se configura como um *homicídio,* que os outros praticam sobre uma pessoa que não a pediu de modo algum nem deu nunca qualquer consentimento para a mesma. Atinge-se, enfim, o cúmulo do arbítrio e da injustiça, quando alguns, médicos ou legisladores, se arrogam o poder de decidir quem deve viver e quem deve morrer. Aparece assim reproposta a tentação do Éden: tornar-se como Deus «conhecendo o bem e o mal» (cf. *Gn* 3,5). Mas, Deus é o único que tem o poder de fazer morrer e de fazer viver: «Só eu é que dou a vida e dou a morte» (*Dt* 32,39; cf. *2Rs* 5,7; *1Sm* 2,6). Ele exerce o seu poder sempre e apenas segundo um desígnio de sabedoria e amor. Quando o homem usurpa tal poder, subjugado por uma lógica insensata e egoísta, usa-o inevitavelmente para a injustiça e a morte. Assim, a vida do mais fraco é abandonada às mãos do mais forte; na sociedade, perde-se o sentido da justiça e fica minada pela raiz a confiança mútua, fundamento de qualquer relação autêntica entre as pessoas.

67. Bem diverso, ao contrário, é *o caminho do amor e da verdadeira compaixão,* que nos é imposto pela nossa comum humanidade e que a fé em Cristo Redentor, morto e ressuscitado, ilumina com novas razões. A súplica que brota do coração do homem no confronto supremo com o sofrimento e a morte, especialmente quando é tentado a fechar-se no desespero e como que a aniquilar-se nele, é sobretudo uma petição de companhia, solidariedade e apoio na prova. É um pedido de ajuda para continuar a esperar, quando falham todas as esperanças humanas. Como nos recordou o Concílio Vaticano II, «é em face da morte que o enigma da condição humana mais se adensa» para o homem; e, todavia, «a intuição do próprio coração fá-lo acertar, quando o leva a aborrecer e a recusar a ruína total e o desaparecimento definitivo da sua pessoa. O gérmen de eternidade que nele existe, irredutível à pura matéria, insurge-se contra a morte».[86]

Esta repugnância natural da morte e este gérmen de esperança na imortalidade são iluminados e levados à plenitude pela fé cristã, que promete e oferece a participação na vitória de Cristo Ressuscitado: é a vitória daquele que, por sua morte redentora, libertou o homem da morte, «salário do pecado» *(Rm* 6,23), e lhe deu o Espírito, penhor de ressurreição e de vida (cf. *Rm* 8,11). A certeza da imortalidade

---

86. Const. past. sobre a Igreja no mundo contemporâneo *Gaudium et spes,* 18.

futura e a *esperança na ressurreição prometida* projetam uma luz nova sobre o mistério do sofrimento e da morte e infundem no crente uma força extraordinária para se abandonar ao desígnio de Deus.

O apóstolo Paulo exprimiu esta novidade em termos de pertença total ao Senhor que abraça qualquer condição humana: «Nenhum de nós vive para si mesmo, e nenhum de nós morre para si mesmo. Se vivemos, para o Senhor vivemos; se morremos, para o Senhor morremos. Quer vivamos, quer morramos, pertencemos ao Senhor» *(Rm* 14,7-8). *Morrer para o Senhor* significa viver a própria morte como ato supremo de obediência ao Pai (cf. *Fl* 2,8), aceitando encontrá-la na «hora» querida e escolhida por ele (cf. *Jo* 13,1), o único que pode dizer quando está cumprido o caminho terreno. *Viver para o Senhor* significa também reconhecer que o sofrimento, embora permaneça em si mesmo um mal e uma prova, sempre se pode tornar fonte de bem. E torna-se tal se é vivido por amor e com amor, na participação, por dom gratuito de Deus e por livre opção pessoal, no próprio sofrimento de Cristo crucificado. Deste modo, quem vive o seu sofrimento no Senhor fica mais plenamente configurado com ele (cf. *Fl* 3,10; *1Pd* 2,21*)* e intimamente associado à sua obra redentora a favor da Igreja e da humanidade.[87] É esta experiên-

---

87. Cf. João Paulo II, Carta ap. *Salvifici doloris* (11 de fevereiro de 1984), nn. 14-24: *AAS* 76 (1984), 214-234.

cia do Apóstolo, que toda pessoa que sofre é chamada a viver: «Alegro-me nos sofrimentos suportados por vossa causa e completo na minha carne o que falta aos sofrimentos de Cristo pelo seu Corpo, que é a Igreja» (*Cl* 1,24).

«Importa mais obedecer a Deus do que aos homens»
(At 5,29): **a lei civil e a lei moral**

68. Uma das características dos atuais atentados à vida humana — como já se disse várias vezes — é a tendência para exigir a sua legitimação jurídica, como se fossem direitos que o Estado deveria, pelo menos em certas condições, reconhecer aos cidadãos e, conseqüentemente, a pretensão da execução dos mesmos com a assistência segura e gratuita dos médicos e outros profissionais da saúde.

Considera-se, não raro, que a vida daquele que ainda não nasceu ou está gravemente debilitado, seria um bem simplesmente relativo: teria de ser confrontada e ponderada com outros bens, segundo uma lógica proporcionalista ou de puro cálculo. Igualmente pensa-se que só quem se encontra na situação concreta e nela está pessoalmente implicado é que poderia realizar uma justa ponderação dos bens em jogo: por conseguinte, unicamente essa pessoa poderia decidir sobre a moralidade da sua escolha. Por isso, e no interesse da convivência civil e da harmonia social, o Estado deveria respeitar essa escolha, chegando mesmo a admitir o aborto e a eutanásia.

Outras vezes, julga-se que a lei civil não poderia exigir que todos os cidadãos vivessem segundo um grau de moralidade mais elevado do que aquele que eles mesmos reconhecem e condividem. Por isso, a lei deveria exprimir sempre a opinião e a vontade da maioria dos cidadãos e reconhecer-lhes também, pelo menos em certos casos extremos, o direito ao aborto e à eutanásia. Nesses casos, aliás, a proibição e a punição dos referidos atos conduziria inevitavelmente — assim o dizem — a um aumento de práticas clandestinas: e estas escapariam ao necessário controle social e seriam realizadas sem a devida segurança médica. E interrogam-se, além disso, se o apoiar uma lei que não é concretamente aplicável não significaria, em última análise, minar também a autoridade de qualquer outra lei.

Nas opiniões mais radicais, chega-se mesmo a defender que, numa sociedade moderna e pluralista, deveria ser reconhecida a cada pessoa total autonomia para dispor da própria vida e da vida de quem ainda não nasceu: não seria competência da lei fazer a escolha entre as diversas opiniões morais, e menos ainda poderia ela pretender impor uma opinião particular em detrimento das outras.

69. Certo é que, na cultura democrática do nosso tempo, se acha amplamente generalizada a opinião, segundo a qual o ordenamento jurídico de uma sociedade haveria de limitar-se a registrar e acolher as convicções da maioria e, conseqüentemente, dever-

se-ia construir apenas sobre aquilo que a própria maioria reconhece e vive como moral. Se, depois, se chega a pensar que uma verdade comum e objetiva seria realmente inacessível, então o respeito pela liberdade dos cidadãos — que, num regime democrático, são considerados os verdadeiros soberanos — exigiria que, a nível legislativo, se reconhecesse a autonomia da consciência de cada um e, por conseguinte, ao estabelecer aquelas normas que são absolutamente necessárias à convivência social, se adequassem exclusivamente à vontade da maioria, fosse ela qual fosse. Desta maneira, todo político deveria separar claramente, no seu agir, o âmbito da consciência privada e o do comportamento público.

Em conseqüência disto, registram-se duas tendências que na aparência são diametralmente opostas. Por um lado, os indivíduos reivindicam para si a mais completa autonomia moral de decisão, e pedem que o Estado não assuma nem imponha qualquer concepção ética, mas se limite a garantir o espaço mais amplo possível à liberdade de cada um, tendo como único limite externo não lesar o espaço de autonomia a que cada um dos outros cidadãos também tem direito. Mas por outro lado, pensa-se que, no desempenho das funções públicas e profissionais, o respeito pela liberdade alheia de escolha obrigaria cada qual a prescindir das próprias convicções para se colocar a serviço de qualquer petição dos cidadãos, que as leis reconhecem e tutelam, aceitando como único critério moral no exercício das próprias funções aquilo que está estabelecido pelas mesmas leis. Deste modo, a responsabilidade da pessoa é delegada na lei civil com a abdicação da própria consciência moral, pelo menos no âmbito da ação pública.

70. Raiz comum de todas estas tendências é o *relativismo ético,* que caracteriza grande parte da cultura contemporânea. Não falta quem pense que tal relativismo seja uma condição da democracia, visto que só ele garantiria tolerância, respeito recíproco entre as pessoas e adesão às decisões da maioria, enquanto as normas morais, consideradas objetivas e vinculantes, conduziriam ao autoritarismo e à intolerância.

Mas é exatamente a problemática conexa com o respeito da vida que mostra os equívocos e contradições, com terríveis resultados práticos, que se escondem nesta posição.

É verdade que a história registra casos de crimes cometidos em nome da «verdade». Mas crimes não menos graves e negações radicais da liberdade foram também cometidos e cometem-se em nome do «relativismo ético». Quando uma maioria parlamentar ou social decreta a legitimidade da eliminação, mesmo sob certas condições, da vida humana ainda não nascida, porventura não assume uma decisão «tirânica» contra o ser humano mais fraco e indefeso? Justamente reage a consciência universal diante dos crimes contra a humanidade, de que o nosso século viveu tão tristes experiências. Porventura deixariam de ser crimes, se, em vez de terem sido cometidos por tiranos sem escrúpulos, fossem legitimados por consenso popular?

Não se pode mitificar a democracia até fazer dela o substituto da moralidade ou a panacéia da imoralidade. Fundamentalmente, é um «ordenamento» e, como tal, um instrumento, não um fim. O seu caráter «moral» não é automático, mas depende da conformidade com a lei moral, à qual se deve submeter como qualquer outro comportamento humano: por outras palavras, depende da moralidade dos fins que persegue e dos meios que usa. Registra-se hoje um consenso quase universal sobre o valor da democracia, o que deve ser considerado um positivo «sinal dos tempos», como o Magistério da Igreja já várias vezes assinalou.[88] Mas, o valor da democracia vive ou morre nos valores que ela encarna e promove: fundamentais e imprescindíveis são certamente a dignidade de toda pessoa humana, o respeito dos seus direitos intangíveis e inalienáveis, e bem assim a assunção do «bem comum» como fim e critério regulador da vida política.

Na base destes valores, não podem estar «maiorias» de opinião provisórias e mutáveis, mas só o reconhecimento de uma lei moral objetiva que, en-

---

88. Cf. João Paulo II, Carta enc. *Centesimus annus* (1º de maio de 1991), n. 46: *AAS* 83 (1991), 850; Pio XII, *Radiomensagem natalícia* (24 de dezembro de 1944): *AAS* 37 (1945), 10-20.

quanto «lei natural» inscrita no coração do homem, seja ponto normativo de referência para a própria lei civil. Quando, por um trágico obscurecimento da consciência coletiva, o ceticismo chegasse a pôr em dúvida mesmo os princípios fundamentais da lei moral, então o próprio ordenamento democrático seria abalado nos seus fundamentos, ficando reduzido a puro mecanismo de regulação empírica dos diversos e contrapostos interesses.[89]

Alguém poderia pensar que, na falta de melhor, já esta função reguladora fosse de apreciar em vista da paz social. Mesmo reconhecendo qualquer ponto de verdade em tal avaliação, é difícil não ver que, sem um ancoradouro moral objetivo, a democracia não pode assegurar uma paz estável, até porque é ilusória a paz não fundada sobre os valores da dignidade de cada homem e da solidariedade entre todos os homens. Nos próprios regimes de democracia representativa, de fato, a regulação dos interesses é freqüentemente feita a favor dos mais fortes, sendo estes os mais competentes para manobrar não apenas as rédeas do poder, mas também a formação dos consensos. Em tal situação, facilmente a democracia se torna uma palavra vazia.

---

89. Cf. João Paulo II, Carta enc. *Veritatis splendor* (6 de agosto de 1993), nn. 97 e 99: *AAS* 85 (1993), 1209-1211.

71. Para bem do futuro da sociedade e do progresso de uma sã democracia, urge, pois, redescobrir a existência de valores humanos e morais essenciais e congênitos, que derivam da própria verdade do ser humano, e exprimem e tutelam a dignidade da pessoa: valores que nenhum indivíduo, nenhuma maioria e nenhum Estado poderá jamais criar, modificar ou destruir, mas apenas os deverá reconhecer, respeitar e promover.

Importa retomar, neste sentido, os *elementos fundamentais da visão das relações entre lei civil e lei moral,* tal como os propõe a Igreja, mas que fazem parte também do patrimônio das grandes tradições jurídicas da humanidade.

Certamente, *a função da lei civil* é diversa e de âmbito mais limitado que a da lei moral. De fato, «em nenhum âmbito da vida, pode a lei civil substituir-se à consciência, nem pode ditar normas naquilo que ultrapassa a sua competência»,[90] que é assegurar o bem comum das pessoas, mediante o reconhecimento e a defesa dos seus direitos fundamentais, a promoção da paz e da moralidade pública.[91] Com efeito, a função da lei civil consiste em garantir uma

---

90. CONGREGAÇÃO PARA A DOUTRINA DA FÉ, Instrução sobre o respeito à vida humana nascente e a dignidade da procriação *Donum vitae* (22 de fevereiro de 1987), III: *AAS* 80 (1988), 98.

91. Cf. CONC. ECUM. VAT. II, Decl. sobre a liberdade religiosa *Dignitatis humanae,* 7.

convivência social na ordem e justiça verdadeira, para que todos «tenhamos vida tranqüila e sossegada, com toda a piedade e honestidade» (*1Tm* 2,2). Por isso mesmo, a lei civil deve assegurar a todos os membros da sociedade o respeito de alguns direitos fundamentais, que pertencem por natureza à pessoa e que qualquer lei positiva tem de reconhecer e garantir. Primeiro e fundamental entre eles é o inviolável direito à vida de todo ser humano inocente. Se a autoridade pública pode, às vezes, renunciar a reprimir algo que, se proibido, provocaria um dano maior,[92] ela não poderá nunca aceitar como direito dos indivíduos — ainda que estes sejam a maioria dos membros da sociedade —, a ofensa infligida a outras pessoas através do menosprezo de um direito tão fundamental como o da vida. A tolerância legal do aborto ou da eutanásia não pode, de modo algum, fazer apelo ao respeito pela consciência dos outros, precisamente porque a sociedade tem o direito e o dever de se defender contra os abusos que se possam verificar em nome da consciência e com o pretexto da liberdade.[93]

A este propósito, João XXIII recordara na Encíclica *Pacem in terris:* «Hoje em dia crê-se que o bem comum consiste sobretudo no respeito dos di-

---

[92]. Cf. S. Tomás de Aquino, *Summa Theologiae*, I-II, q. 96, a. 2.
[93]. Cf. Conc. Ecum. Vat. II, Decl. sobre a liberdade religiosa *Dignitatis humanae*, 7.

reitos e deveres da pessoa. Oriente-se, pois, o empenho dos poderes públicos sobretudo no sentido que esses direitos sejam reconhecidos, respeitados, harmonizados, tutelados e promovidos, tornando-se assim mais fácil o cumprimento dos respectivos deveres. "A função primordial de qualquer poder público é defender os direitos invioláveis da pessoa e tornar mais viável o cumprimento dos seus deveres." Por isso mesmo, se a autoridade não reconhecer os direitos da pessoa, ou os violar, não só perde ela a sua razão de ser como também as suas disposições estão privadas de qualquer valor jurídico».[94]

72. Também está em continuidade com toda a Tradição da Igreja, a doutrina da necessidade *da lei civil se conformar com a lei moral*, como se vê na citada encíclica de João XXIII: «A autoridade é exigência da ordem moral e promana de Deus. Por isso, se os governantes legislarem ou prescreverem algo contra essa ordem e, portanto, contra a vontade de Deus,

---

94. Carta enc. *Pacem in terris* (11 de abril de 1963), II: *AAS* 55 (1963), 273-274; a citação interna é tirada da Radiomensagem de Pio XII no Pentecostes de 1941 (1º de junho de 1941): *AAS* 33 (1941), 200. Sobre este argumento, a Encíclica refere em nota também Pio XI, Carta enc. *Mit Brennender Sorge* (14 de março de 1937): *AAS* 29 (1937), 159; Carta enc. *Divini Redemptoris* (19 de março de 1937), III: *AAS* 29 (1937), 79; Pio XII, Radiomensagem natalícia (24 de dezembro de 1942): *AAS* 35 (1943), 9-24.

essas leis e essas prescrições não podem obrigar a consciência dos cidadãos. (...) Neste caso, a própria autoridade deixa de existir, degenerando em abuso do poder».[95] O mesmo ensinamento aparece claramente em São Tomás de Aquino, que escreve: «A lei humana tem valor de lei enquanto está de acordo com a reta razão: derivando, portanto, da lei eterna. Se, porém, contradiz a razão, chama-se lei iníqua e, como tal, não tem valor, mas é um ato de violência».[96] E ainda: «Toda lei constituída pelos homens tem força de lei só na medida em que deriva da lei natural. Se, ao contrário, em alguma coisa está em contraste com a lei natural, então não é lei mas sim corrupção da lei».[97]

Ora, a primeira e mais imediata aplicação desta doutrina diz respeito à lei humana que menospreza o direito fundamental e primordial à vida, direito próprio de cada homem. Assim, as leis que legitimam a eliminação direta de seres humanos inocentes, por meio do aborto e da eutanásia, estão em contradição total e insanável com o direito inviolável à vida, próprio de todos os homens, e negam a igualdade de todos perante a lei. Poder-se-ia objetar que é

95. Carta enc. *Pacem in terris* (11 de abril de 1963), II: *o.c.*, 271.

96. *Summa Theologiae,* I-II, q. 93, a. 3, ad 2um.

97. *Ibid.,* I-II, 1. 95, a. 2. E S. Tomás cita S. AGOSTINHO, *De libero arbitrio,* I, 5, 11: *PL* 32, 1227: «non videtur esse lex, quae iusta non fuerit» [Não pode ser lei, a que não for justa].

diverso o caso da eutanásia, quando pedida em plena consciência pelo sujeito interessado. Mas um Estado que legitimasse tal pedido, autorizando a sua realização, estaria a legalizar um caso de suicídio-homicídio, contra os princípios fundamentais da não-disponibilidade da vida e da tutela de cada vida inocente. Deste modo, favorece-se a diminuição do respeito pela vida e abre-se o caminho a comportamentos demolidores da confiança nas relações sociais.

As leis que autorizam e favorecem o aborto e a eutanásia colocam-se, pois, radicalmente não só contra o bem do indivíduo, mas também contra o bem comum e, por conseguinte, carecem totalmente de autêntica validade jurídica. De fato, o menosprezo do direito à vida, exatamente porque leva a eliminar a pessoa, ao serviço da qual a sociedade tem a sua razão de existir, é aquilo que se contrapõe mais frontal e irreparavelmente à possibilidade de realizar o bem comum. Segue-se daí que, quando uma lei civil legitima o aborto ou a eutanásia, deixa, por isso mesmo, de ser uma verdadeira lei civil, moralmente obrigatória.

73. O aborto e a eutanásia são, portanto, crimes que nenhuma lei humana pode pretender legitimar. Leis deste tipo não só não criam obrigação alguma para a consciência, como, ao contrário, geram uma *grave e precisa obrigação de opor-se a elas através da objeção de consciência*. Desde os princípios da Igreja, a pregação apostólica inculcou nos cristãos o

dever de obedecer às autoridades públicas legitimamente constituídas (cf. *Rm* 13,1-7; *1Pd* 2,13-14), mas, ao mesmo tempo, advertiu firmemente que «importa mais obedecer a Deus do que aos homens» *(At* 5,29). Já no Antigo Testamento e a propósito de ameaças contra a vida, encontramos um significativo exemplo de resistência à ordem injusta da autoridade. As parteiras dos hebreus opuseram-se ao Faraó, que lhes tinha dado a ordem de matarem todos os meninos por ocasião do parto. «Não cumpriram a ordem do rei do Egito, e deixaram viver os meninos» *(Ex* 1,17). Mas deve-se salientar o motivo profundo deste seu comportamento: *«As parteiras temiam a Deus» (Ex* 1,17). É precisamente da obediência a Deus — o único a quem se deve aquele temor que significa reconhecimento da sua soberania absoluta — que nascem a força e a coragem de resistir às leis injustas dos homens. É a força e a coragem de quem está disposto mesmo a ir para a prisão ou a ser morto à espada, na certeza de que nisto «está a paciência e a fé dos santos» *(Ap* 13,10).

Portanto, no caso de uma lei intrinsecamente injusta, como aquela que admite o aborto ou a eutanásia, nunca é lícito conformar-se com ela, «nem participar numa campanha de opinião a favor de uma lei de tal natureza, nem dar-lhe a aprovação com o próprio voto».[98]

98. CONGREGAÇÃO PARA A DOUTRINA DA FÉ, *Declaração sobre o aborto provocado* (18 de novembro de 1974), n. 22: *AAS* 66 (1974), 744.

Um particular problema de consciência poder-se-ia pôr nos casos em que o voto parlamentar fosse determinante para favorecer uma lei mais restritiva, isto é, tendente a restringir o número dos abortos autorizados, como alternativa a uma lei mais permissiva já em vigor ou posta a votação. Não são raros tais casos. Sucede, com efeito, que, enquanto, em algumas partes do mundo, continuam as campanhas para a introdução de leis favoráveis ao aborto, tantas vezes apoiadas por organismos internacionais poderosos, em outras nações, pelo contrário — particularmente naquelas que já fizeram a amarga experiência de tais legislações permissivas —, vão se manifestando sinais de reconsideração. Em tal hipótese, quando não fosse possível esconjurar ou abrogar completamente uma lei abortiva, um deputado, cuja absoluta oposição pessoal ao aborto fosse clara e conhecida de todos, poderia licitamente oferecer o próprio apoio a propostas que visassem *limitar os danos* de uma tal lei e diminuir os seus efeitos negativos no âmbito da cultura e da moralidade pública. Ao proceder assim, de fato, não se realiza a colaboração ilícita numa lei injusta; mas cumpre-se, antes, uma tentativa legítima e necessária para limitar os seus aspectos iníquos.

74. A introdução de legislações injustas põe freqüentemente os homens moralmente retos frente a difíceis problemas de consciência em matéria de colaboração, por causa da imperiosa afirmação do pró-

prio direito de não ser obrigado a participar em ações moralmente más. Às vezes, as opções que se impõem tomar, são dolorosas e podem requerer o sacrifício de posições profissionais consolidadas ou a renúncia a legítimas perspectivas de promoção na carreira. Em outros casos, pode acontecer que o cumprimento de algumas ações, em si mesmas indiferentes ou mesmo até positivas, previstas nos artigos de legislações globalmente injustas, consinta a salvaguarda de vidas humanas ameaçadas. Mas, por outro lado, pode-se justamente temer que a disponibilidade a realizar tais ações não só provoque um escândalo e favoreça o enfraquecimento da oposição necessária aos atentados contra a vida, como insensivelmente induza também a conformar-se cada vez mais com uma lógica permissiva.

Para iluminar esta difícil questão moral, é preciso recorrer aos princípios gerais referentes à *cooperação em ações moralmente más*. Os cristãos, como todos os homens de boa vontade, são chamados, sob grave dever de consciência, a não prestar a sua colaboração formal em ações que, apesar de admitidas pela legislação civil, estão em contraste com a lei de Deus. Na verdade, do ponto de vista moral, nunca é lícito cooperar formalmente no mal. E essa cooperação verifica-se quando a ação realizada, pela sua própria natureza ou pela configuração que tem assumido num contexto concreto, se qualifica como participação direta num ato contra a vida humana inocente ou como aprovação da intenção moral do agente principal. Tal cooperação nunca pode ser justificada invocando o respeito da liberdade alheia, nem apoiando-se no fato de que a lei civil a prevê e requer: com efeito, nos atos cumpridos pessoalmente por cada um, existe uma responsabilidade moral, à qual ninguém poderá jamais subtrair-se e sobre a qual cada um será julgado pelo próprio Deus (cf. *Rm* 2,6; 14,12).

Recusar a própria participação para cometer uma injustiça é não só um dever moral, mas também um direito humano basilar. Se assim não fosse, a pessoa seria constrangida a cumprir uma ação intrinsecamente incompatível com a sua dignidade e, desse modo, ficaria radicalmente comprometida a sua própria liberdade, cujo autêntico sentido e fim reside na orientação para a verdade e o bem. Trata-se, pois, de um direito essencial que, precisamente como tal, deveria estar previsto e protegido pela própria lei civil. Nesse sentido, a possibilidade de se recusar a participar na fase consultiva, preparatória e executiva de semelhantes atos contra a vida, deveria ser assegurada aos médicos, aos outros profissionais da saúde e aos responsáveis pelos hospitais, clínicas e casas de saúde. Quem recorre à objeção de consciência deve ser salvaguardado não apenas de sanções penais, mas ainda de qualquer dano no plano legal, disciplinar, econômico e profissional.

«Amarás ao teu próximo como a ti mesmo» (Lc 10,27): «promove» a vida

75. Os mandamentos de Deus ensinam-nos o caminho da vida. *Os preceitos morais negativos,* isto é, aqueles que declaram moralmente inaceitável a escolha de uma determinada ação, têm um valor absoluto para a liberdade humana: valem sempre e em todas as circunstâncias, sem exceção. Indicam que a escolha de determinado comportamento é radicalmente incompatível com o amor a Deus e com a dignidade da pessoa, criada à sua imagem: por isso, tal escolha não pode ser resgatada pela bondade de qualquer intenção ou conseqüência, está em contraste insanável com a comunhão entre as pessoas, contradiz a decisão fundamental de orientar a própria vida para Deus.[99]

Já neste sentido, os preceitos morais negativos têm uma função positiva importantíssima: o "não" que exigem incondicionalmente, aponta o limite intransponível abaixo do qual o homem livre não pode descer, e simultaneamente indica o mínimo que ele deve respeitar e do qual deve partir para pronunciar inumeráveis «sins», capazes de cobrir progressivamente *todo o horizonte do bem* (cf. *Mt* 5,48), em cada um dos seus âmbitos. Os mandamentos, de modo

---

99. Cf. *Catecismo da Igreja Católica,* nn. 1753-1755; JOÃO PAULO II, Carta enc. *Veritatis splendor* (6 de agosto de 1993), nn. 81-82: *AAS* 85 (1993), 1198-1199.

particular os preceitos morais negativos, são o início e a primeira etapa necessária do caminho da liberdade: «A primeira liberdade — escreve Santo Agostinho — consiste em estar isento de crimes (...), como seja o homicídio, o adultério, a fornicação, o roubo, a fraude, o sacrilégio, e assim por diante. Quando alguém começa a não ter estes crimes (e nenhum cristão os deve ter), começa a levantar a cabeça para a liberdade, mas isto é apenas o início da liberdade, não a liberdade perfeita».[100]

76. O mandamento «não matarás» estabelece, pois, o ponto de partida de um caminho de verdadeira liberdade, que nos leva a promover ativamente a vida e a desenvolver determinadas atitudes e comportamentos a seu serviço: procedendo assim, exercemos a nossa responsabilidade para com as pessoas que nos estão confiadas, e manifestamos, em obras e verdade, o nosso reconhecimento a Deus pelo grande dom da vida (cf. *Sl* 139/138,13-14).

O Criador confiou a vida do homem à sua solicitude responsável, não para que disponha arbitrariamente dela, mas a guarde com sabedoria e administre com amorosa fidelidade. O Deus da Aliança confiou a vida de cada homem ao homem, seu irmão, segundo a lei da reciprocidade no dar e no receber,

---

100. *In Iohannis Evangelium Tractatus*, 41, 10: *CCL* 36, 363; cf. JOÃO PAULO II, Carta enc. *Veritatis splendor* (6 de agosto de 1993), n. 13: *AAS* 85 (1993), 1144.

no dom de si e no acolhimento do outro. Na plenitude dos tempos, o Filho de Deus, encarnando e dando a sua vida pelo homem, mostrou a altura e profundidade a que pode chegar esta lei da reciprocidade. Com o dom do seu Espírito, Cristo dá conteúdos e significados novos à lei da reciprocidade, à entrega do homem ao homem. O Espírito, que é artífice de comunhão no amor, cria entre os homens uma nova fraternidade e solidariedade, verdadeiro reflexo do mistério de recíproca doação e acolhimento próprios da Santíssima Trindade. O próprio Espírito torna-se a lei nova, que dá força aos crentes e apela à sua responsabilidade para viverem reciprocamente o dom de si e o acolhimento do outro, participando no próprio amor de Jesus Cristo e segundo a sua medida.

77. Animado e plasmado por esta lei nova está também o mandamento que diz «não matarás». Para o cristão, isto implica, em última análise, o imperativo de respeitar, amar e promover a vida de cada irmão, segundo as exigências e as dimensões do amor de Deus em Jesus Cristo. «Ele deu a sua vida por nós, e nós devemos dar a vida pelos nossos irmãos» (*1Jo* 3,16).

O mandamento «não matarás», inclusive nos seus conteúdos mais positivos de respeito, amor e promoção da vida humana, vincula todo homem. De fato, ressoa na consciência moral de cada um como um eco irreprimível da aliança primordial de Deus criador com o homem; todos o podem conhecer pela luz da razão e observar pela obra misteriosa do Espírito que, soprando onde quer (cf. *Jo* 3,8), alcança e inspira todo homem que vive neste mundo.

Constitui, portanto, um serviço de amor, aquele que todos estamos empenhados em assegurar ao nosso próximo, para que a sua vida seja defendida e promovida sempre, mas sobretudo quando é mais fraca ou ameaçada. É uma solicitude pessoal, mas também social, que todos devemos cultivar, pondo o respeito incondicional da vida humana como fundamento de uma sociedade renovada.

É-nos pedido que amemos e honremos a vida de cada homem e de cada mulher, e que trabalhemos, com constância e coragem, para que, no nosso tempo dominado por tantos sinais de morte, se instaure finalmente uma nova cultura da vida, fruto da cultura da verdade e do amor.

CAPÍTULO IV

A MIM O FIZESTES

POR UMA NOVA CULTURA DA VIDA HUMANA

«Vós sois o povo adquirido por Deus, para proclamardes as suas obras maravilhosas» (1Pd 2,9): o povo da vida e pela vida

78. A Igreja recebeu o Evangelho, como anúncio e fonte de alegria e de salvação. Recebeu-o como dom de Jesus, que foi enviado pelo Pai «para anunciar a Boa Nova aos pobres» (*Lc* 4,18). Recebeu-o através dos Apóstolos, que o Mestre enviou pelo mundo inteiro (cf. *Mc* 16,15; *Mt* 28,19-20). Nascida desta ação missionária, a Igreja ouve ressoar em si mesma todos os dias aquela palavra de incitamento apostólico: «Ai de mim se não evangelizar!» (*2Cor* 9,16). «Evangelizar — como escrevia Paulo VI — constitui, de fato, *a graça e a vocação própria da Igreja, a sua mais profunda identidade.* Ela existe para evangelizar».[101]

101. Exort. ap. *Evangelii nuntiandi* (8 de dezembro de 1975), n. 14: *AAS* 68 (1976), 13.

A evangelização é uma ação global e dinâmica que envolve a Igreja na sua participação da missão profética, sacerdotal e real do Senhor Jesus. Por isso, a evangelização compreende indivisivelmente *as dimensões do anúncio, da celebração e do serviço da caridade*. É um *ato profundamente eclesial,* que compromete todos os operários do Evangelho, cada um segundo os seus carismas e o próprio ministério.

O mesmo acontece quando se trata de anunciar o *Evangelho da vida,* parte integrante do Evangelho que é Jesus Cristo. Nós estamos a serviço deste Evangelho, amparados na certeza de o termos recebido como dom e de sermos enviados a proclamá-lo a toda a humanidade, «até aos confins do mundo» *(At* 1,8). Por isso, grata e humildemente conservamos a consciência de ser o *povo da vida e pela vida* e assim nos apresentamos diante de todos.

79. Somos *o povo da vida,* porque Deus, no seu amor generoso, deu-nos o *Evangelho da vida* e, por este mesmo Evangelho, fomos transformados e salvos. Fomos reconquistados pelo «Príncipe da vida» *(At* 3,15), com o preço do seu sangue precioso (cf. *1Cor* 6,20; 7,23; *1Pd* 1,19), e, pelo banho batismal, fomos enxertados nele (cf. *Rm* 6,4-5; *Cl* 2,12) como ramos que recebem seiva e fecundidade da única árvore (cf. *Jo* 15,5). Interiormente renovados pela graça do Espírito, «Senhor que dá a vida», tornamo-nos um *povo pela vida,* e como tal somos chamados a comportar-nos.

Somos enviados: estar a serviço da vida não é para nós um título de glória, mas um dever que nasce da consciência de sermos «o povo adquirido por Deus para proclamar as suas obras maravilhosas» (cf. *1Pd* 2,9). No nosso caminho, *guia-nos e anima-nos a lei do amor:* um amor, cuja fonte e modelo é o Filho de Deus feito homem que «pela sua morte deu a vida ao mundo».[102]

Somos enviados como povo. O compromisso de servir a vida incumbe sobre todos e cada um. É uma responsabilidade tipicamente «eclesial», que exige a ação harmonizada e generosa de todos os membros e estruturas da comunidade cristã. Mas a sua característica de dever comunitário não elimina nem diminui a responsabilidade de *cada pessoa,* a quem é dirigido o mandamento do Senhor de «fazer-se próximo» de todo homem: «Vai, e faze tu o mesmo» (*Lc* 10,37).

Todos juntos sentimos o dever de *anunciar o Evangelho da vida,* de *o celebrar* na liturgia e na existência inteira, de *o servir* com as diversas iniciativas e estruturas de apoio e promoção.

---

102. *Missal Romano,* Oração do celebrante antes da comunhão.

«O que vimos e ouvimos, isso vos anunciamos» (1Jo 1,3); anunciar o Evangelho da vida

80. «O que era desde o princípio, o que ouvimos, o que vimos com os nossos olhos, o que contemplamos e as nossas mãos apalparam acerca do Verbo da vida (...) isso vos anunciamos, para que também vós tenhais comunhão conosco» (*1Jo* 1,1.3). *Jesus é o único Evangelho:* ele é tudo o que temos para dizer e testemunhar.

O próprio anúncio de Jesus é anúncio da vida. Ele, de fato, é o «Verbo da vida» (*1Jo* 1,1). Nele, «a vida manifestou-se» (*1Jo* 1,2); melhor, ele mesmo é a «vida eterna que estava no Pai e que nos foi manifestada» (*1Jo* 1,2). Esta mesma vida, graças ao dom do Espírito, foi comunicada ao homem. Orientada para a vida em plenitude — a «vida eterna» —, também a vida terrena de cada um adquire o seu sentido pleno.

Iluminados pelo E*vangelho da vida,* sentimos a necessidade de o proclamar e testemunhar pela *surpreendente novidade* que o caracteriza: identificando-se com o próprio Jesus, portador de toda novidade[103] e vencedor daquele «envelhecimento» que pro-

---

103. «Omnem novitatem attulit, semetipsum afferens, qui fuerat anuntiatus» [Trouxe toda a novidade, ao vir ele próprio que tinha sido anunciado]: SANTO IRENEU, *Contra as heresias,* IV, 34, 1: *PG* 7, 1083.

vém do pecado e conduz à morte,[104] este Evangelho supera toda expectativa do homem e revela a grandeza excelsa, a que a dignidade da pessoa é elevada pela graça. Assim a contempla S. Gregório de Nissa: «Quando comparado com os outros seres, o homem nada vale, é pó, erva, ilusão; mas, uma vez adotado como filho pelo Deus do universo, é feito familiar deste ser, cuja excelência e grandeza ninguém pode ver, ouvir nem compreender. Com que palavra, pensamento ou arroubo de espírito poderemos celebrar a superabundância desta graça? O homem supera a sua natureza: de mortal passa a imortal, de perecível a imperecível, de efêmero a eterno, de homem torna-se deus».[105]

A gratidão e a alegria por esta dignidade incomensurável do homem incitam-nos a tornar os demais participantes desta mensagem: «O que vimos e ouvimos, isso vos anunciamos, para que também vós tenhais comunhão conosco» *(1Jo* 1,3). É necessário fazer chegar o *Evangelho da vida* ao coração de todo homem e mulher, e inseri-lo nas dobras mais íntimas do tecido da sociedade inteira.

---

104. «Peccator inveterascit, recedens a novitate Christi» [O pecador envelhece, ao afastar-se da novidade de Cristo]: S. TOMÁS DE AQUINO, *In Psalmos Davidis lectura,* 6, 5.

105. *Sobre as bem-aventuranças,* Sermão VII: *PG* 44, 1280.

81. Trata-se em primeiro lugar de anunciar o *núcleo* deste Evangelho: é o anúncio de um Deus vivo e solidário, que nos chama a uma profunda comunhão consigo e nos abre à esperança segura da vida eterna; é a afirmação do laço indivisível que existe entre a pessoa, a sua vida e a própria corporeidade; é a apresentação da vida humana como vida de relação, dom de Deus, fruto e sinal do seu amor; é a proclamação da extraordinária relação de Jesus com todo homem, que permite reconhecer o rosto de Cristo em cada rosto humano; é a indicação do «dom sincero de si» como tarefa e lugar de plena realização da própria liberdade.

Importa, depois, mostrar todas *as conseqüências* deste mesmo Evangelho, que se podem resumir assim: a vida humana, dom precioso de Deus, é sagrada e inviolável, e, por isso mesmo, o aborto provocado e a eutanásia são absolutamente inaceitáveis; a vida do homem não apenas não deve ser eliminada, mas há de ser protegida com toda a atenção e carinho; a vida encontra o seu sentido no amor recebido e dado, em cujo horizonte haurem plena verdade a sexualidade e a procriação humana; nesse amor, até mesmo o sofrimento e a morte têm um sentido, podendo tornar-se acontecimentos de salvação, não obstante perdurar o mistério que os envolve; o respeito pela vida exige que a ciência e a técnica estejam sempre orientadas para o homem e para o seu desenvolvimento integral; a sociedade inteira deve respeitar, defender e promover a dignidade de toda a pessoa humana, em cada momento e condição da sua vida.

82. Para sermos verdadeiramente um povo a serviço da vida, temos de propor, com constância e coragem, estes conteúdos, desde o primeiro anúncio do Evangelho, e, depois, *na catequese e nas diversas formas de pregação, no diálogo pessoal e em toda ação educativa*. Aos educadores, professores, catequistas e teólogos, incumbe o dever de pôr em destaque as *razões antropológicas* que fundamentam e apóiam o respeito de cada vida humana. Desta forma, ao mesmo tempo que faremos resplandecer a original novidade do *Evangelho da* vida, poderemos ajudar os demais a descobrirem, inclusive à luz da razão e da experiência, como a mensagem cristã ilumina plenamente o homem e o significado do seu ser e existir; encontraremos valiosos pontos de encontro e diálogo também com os não-crentes, empenhados todos juntos a fazer despertar uma nova cultura da vida.

Cercados pelas vozes mais contrastantes, enquanto muitos rejeitam a sã doutrina sobre a vida do homem, sentimos dirigida a nós a recomendação de Paulo a Timóteo: «Prega a palavra, insiste oportuna e inoportunamente, repreende, censura e exorta com bondade e doutrina» (2 *Tm* 4,2). Com particular vigor, há de ressoar esta exortação no coração de quantos na Igreja, mais diretamente e a diverso título, participam da sua missão de «mestra» da verdade. Ressoe, antes de mais, em nós, *Bispos,* que somos os primeiros a quem é pedido tornar-se incansável anunciador do *Evangelho da vida;* está-nos confiado também a nós o dever de vigiar sobre a transmissão íntegra e fiel do ensinamento proposto nesta Encíclica, e de recorrer às medidas mais oportunas para que os fiéis sejam preservados de toda doutrina contrária ao mesmo. Havemos de dedicar especial atenção às Faculdades Teológicas, aos Seminários e às diversas Instituições Católicas, para que aí seja comunicado, ilustrado e aprofundado o conhecimento da sã doutrina.[106] A exortação de Paulo seja também ouvida por todos os *teólogos, pastores* e quantos desempenham tarefas de *ensino, catequese e formação, das consciências:* cientes do papel que lhes cabe, não assumam nunca a grave responsabilidade de atraiçoar a verdade e a própria missão, expondo idéias pessoais contrárias ao *Evangelho da vida,* que o Magistério fielmente propõe e interpreta.

Quando anunciarmos este Evangelho, não devemos temer a oposição e a impopularidade, recusando qualquer compromisso e ambigüidade que nos conformem com a mentalidade deste mundo (cf. *Rm* 12,2). Com a força recebida de Cristo, que venceu o mundo pela sua morte e ressurreição (cf. *Jo* 16,33), devemos estar *no mundo,* mas não ser *do mundo* (cf. *Jo* 15,19; 17,16).

106. Cf. João Paulo II, Carta enc. *Veritatis splendor* (6 de agosto de 1993), n. 116: *AAS* 85 (1993), 1224.

«Eu vos louvo porque me fizestes como um prodígio» (Sl 139/138,14): *celebrar o Evangelho da vida*

83. Enviados ao mundo como «povo pela vida», o nosso anúncio deve tornar-se também *uma verdadeira e própria celebração do Evangelho da vida.* É precisamente esta celebração, com toda a força evocativa dos seus gestos, símbolos e ritos, que se torna o lugar mais precioso e significativo para transmitir a beleza e a grandeza desse Evangelho.

Para isso, urge, antes de mais, *cultivar,* em nós e nos outros, *um olhar contemplativo.*[107] Este nasce da fé no Deus da vida, que criou cada homem fazendo dele um prodígio (cf. *Sl* 139/138,14). É o olhar de quem observa a vida em toda a sua profundidade, reconhecendo nela as dimensões de generosidade, beleza, apelo à liberdade e à responsabilidade. É o olhar de quem não pretende apoderar-se da realidade, mas a acolhe como um dom, descobrindo em todas as coisas o reflexo do Criador e em cada pessoa a sua imagem viva (cf. *Gn* 1,27; *Sl* 8,6). Este olhar não se deixa cair em desânimo à vista daquele que se encontra enfermo, atribulado, marginalizado, ou às portas da morte; mas deixa-se interpelar por todas estas situações procurando nelas um sentido, sendo, precisamente em tais circunstâncias, que se apresenta disponível para ler de novo no rosto de

---

107. Cf. JOÃO PAULO II, Carta enc. *Centesimus annus* (1º de maio de 1991), n. 37: *AAS* 83 (1991), 840.

cada pessoa um apelo ao entendimento, ao diálogo, à solidariedade.

É tempo de todos assumirem este olhar, tornando-se novamente capazes de *venerar e honrar cada homem*, com ânimo repleto de religioso assombro, como nos convidava a fazer Paulo VI numa das suas mensagens natalinas.[108] Animado por este olhar contemplativo, o povo novo dos redimidos não pode deixar de prorromper em *hinos de alegria, louvor e gratidão pelo dom inestimável da* vida, pelo mistério do chamamento de todo homem a participar, em Cristo, na vida da graça e numa existência de comunhão sem fim com Deus Criador e Pai.

84. *Celebrar o Evangelho da vida significa celebrar o Deus da vida, o Deus que dá a vida:* «Nós devemos celebrar a Vida eterna, da qual procede qualquer outra vida. Dela recebe a vida, na proporção das respectivas capacidades, todo ser que, de algum modo, participa da vida. Essa Vida divina, que está acima de qualquer vida, vivifica e conserva a vida. Toda a vida e qualquer movimento vital procedem desta Vida que transcende cada vida e cada princípio de vida. A Ela devem as almas a sua incorruptibilidade, como também vivem, graças a Ela, todos os animais e todas as plantas que recebem da vida um eco mais fraco. Aos homens, seres compostos de

---

108. Cf. Mensagem por ocasião do Natal de 1967: *AAS* 60 (1968), 40.

espírito e matéria, a Vida dá a vida. Se depois nos acontece abandoná-la, então a Vida, pelo transbordar do seu amor pelo homem, converte-nos e chama-nos a Si. E mais... Promete também conduzir-nos — alma e corpo — à vida perfeita, à imortalidade. É muito pouco dizer que esta Vida é viva: Ela é Princípio de vida, Causa e Fonte única de vida. Todo vivente deve contemplá-la e louvá-la: é Vida que transborda de vida».[109]

Como o Salmista, também nós, na *oração diária* individual e comunitária, louvamos e bendizemos a Deus nosso Pai que nos plasmou no seio materno, viu-nos e amou-nos quando estávamos ainda em embrião (cf. *Sl* 139/138,13.15-16), e exclamamos, com alegria irreprimível: «Eu vos louvo porque me fizestes como um prodígio; as vossas obras são admiráveis, conheceis até o fundo a minha alma» *(Sl* 139/138,14). Sim, «esta vida mortal, não obstante as suas aflições, os seus mistérios obscuros, os seus sofrimentos, a sua fatal caducidade, é um fato belíssimo, um prodígio sempre original e enternecedor, um acontecimento digno de ser cantado com júbilo e glória».[110] Mais, o homem e a sua vida não se revelam apenas como um dos prodígios mais altos da criação: Deus conferiu ao homem uma dignidade

---

109. PSEUDO-DIONÍSIO AREOPAGITA, *Sobre os nomes divinos*, 6, 1-3: *PG* 3, 856-857.

110. PAULO VI, *Pensamento sobre a morte* (Instituto Paulo VI: Brescia 1988), 24.

quase divina (cf. *Sl* 8,6-7). Em cada criança que nasce e em cada homem que vive ou morre, reconhecemos a imagem da glória de Deus: nós celebramos esta glória em cada homem, sinal do Deus vivo, ícone de Jesus Cristo.

Somos chamados a exprimir assombro e gratidão pela vida recebida em dom e a acolher, saborear e comunicar o *Evangelho da vida,* não só através da oração pessoal e comunitária, mas sobretudo com as *celebrações do ano litúrgico.* No mesmo contexto, deve-se recordar, de modo particular, os *Sacramentos,* sinais eficazes da presença e ação salvadora do Senhor Jesus na existência cristã: tornam os homens participantes da vida divina, assegurando-lhes a energia espiritual necessária para realizarem plenamente o verdadeiro significado do viver, do sofrer e do morrer. Graças a uma genuína descoberta do sentido dos ritos e à sua adequada valorização, as celebrações litúrgicas, sobretudo as sacramentais, serão capazes de exprimir cada vez melhor a verdade plena acerca do nascimento, da vida, do sofrimento e da morte, ajudando a viver estas realidades como participação no mistério pascal de Cristo morto e ressuscitado.

85. Na celebração do *Evangelho da vida,* é preciso saber *apreciar e valorizar também os gestos e os símbolos, de que são ricas as diversas tradições e costumes culturais dos povos.* Trata-se de momentos e formas de encontro, pelos quais, nos diversos paí-

ses e culturas, se manifesta a alegria pela vida que nasce, o respeito e defesa de cada existência humana, o cuidado por quem sofre ou passa necessidade, a solidariedade com o idoso ou o moribundo, a partilha da tristeza de quem está de luto, a esperança e o desejo da imortalidade.

Nesta perspectiva e acolhendo a sugestão feita pelos Cardeais no Consistório de 1991, proponho que se celebre anualmente um *Dia em defesa da Vida,* nas diversas Nações, à semelhança do que já se verifica por iniciativa de algumas Conferências Episcopais. É necessário que essa ocorrência seja preparada e celebrada com a ativa participação de todas as componentes da Igreja local. O seu objetivo principal é suscitar nas consciências, nas famílias, na Igreja e na sociedade, o reconhecimento do sentido e valor da vida humana em todos os seus momentos e condições, concentrando a atenção de modo especial na gravidade do aborto e da eutanásia, sem contudo transcurar os outros momentos e aspectos da vida que merecem ser, de vez em quando, tomados em atenta consideração, conforme a evolução da situação histórica sugerir.

86. Em coerência com o culto espiritual agradável a Deus (cf. *Rm* 12,1), a celebração do *Evangelho da vida* requer a sua concretização sobretudo na *existência cotidiana,* vivida no amor pelos outros e na doação de si próprio. Assim, toda a nossa existência tornar-se-á acolhimento autêntico e responsável do

dom da vida e louvor sincero e agradecido a Deus que nos fez esse dom. É o que sucede já com tantos e tantos gestos de doação, muitas vezes humilde e escondida, cumpridos por homens e mulheres, crianças e adultos, jovens e idosos, sadios e doentes.

É neste contexto, rico de humanidade e amor, que nascem também os *gestos heróicos*. Estes são a *celebração mais solene do Evangelho da vida*, porque o proclamam *com o dom total de si*, são a manifestação refulgente do mais elevado grau de amor, que é dar a vida pela pessoa amada (cf. *Jo* 15,13); são a participação no mistério da Cruz, na qual Jesus revela quão grande valor tem para ele a vida de cada homem e como esta se realiza em plenitude no dom sincero de si. Além dos fatos clamorosos, existe o heroísmo do cotidiano, feito de pequenos ou grandes gestos de partilha que alimentam uma autêntica cultura da vida. Entre estes gestos, merece particular apreço a doação de órgãos feita, segundo formas eticamente aceitáveis, para oferecer uma possibilidade de saúde e até de vida a doentes, por vezes já sem esperança.

A tal heroísmo do cotidiano, pertence o testemunho silencioso, mas tão fecundo e eloqüente, de «todas as mães corajosas, que se dedicam sem reservas à própria família, que sofrem ao dar à luz os próprios filhos, e depois estão prontas a abraçar qualquer fadiga e a enfrentar todos os sacrifícios, para lhes transmitir o que de melhor elas conservam em si».[111] No cumprimento da sua missão, «nem sempre estas mães heróicas encontram apoio no seu ambiente. Antes, os modelos de civilização, com freqüência promovidos e propagados pelos meios de comunicação, não favorecem a maternidade. Em nome do progresso e da modernidade, são apresentados como já superados os valores da fidelidade, da castidade e do sacrifício, nos quais se distinguiram e continuam a distinguir-se multidões de esposas e de mães cristãs. (...) Nós vos agradecemos, mães heróicas, o vosso amor invencível! Nós vos agradecemos a intrépida confiança em Deus e no seu amor. Nós vos agradecemos o sacrifício da vossa vida. (...) Cristo, no Mistério Pascal, restituiu-vos o dom que lhe fizestes. Ele, de fato, tem o poder de vos restituir a vida, que lhe levastes em oferenda».[112]

«De que aproveitará, irmãos, a alguém dizer que tem fé se não tiver obras?» (Tg 2,14): servir o Evangelho da vida

87. Em virtude da participação na missão real de Cristo, o apoio e a promoção da vida humana devem realizar-se através do *serviço da caridade*, que se

111. JOÃO PAULO II, Homilia na beatificação de Isídoro Bakanja, Isabel Canori Mora e Joana Beretta Molla (24 de abril de 1994), n. 4: *L'Osservatore Romano* (ed. portuguesa: 30 de abril de 1994), 2.

112. *Ibid.*, n. 5: *o.c.*, 2.

exprime no testemunho pessoal, nas diversas formas de voluntariado, na animação social e no compromisso político. Trata-se de *uma exigência sobremaneira premente na hora atual,* em que a «cultura da morte» se contrapõe à «cultura da vida», de forma tão forte que muitas vezes parece levar a melhor. Antes ainda, porém, trata-se de uma exigência que nasce da «fé que atua pela caridade» *(Gl* 5,6), como nos adverte a Carta de São Tiago: «De que aproveitará, irmãos, a alguém dizer que tem fé se não tiver obras? Acaso essa fé poderá salvá-lo? Se um irmão ou uma irmã estiverem nus e precisarem de alimento cotidiano, e um de vós lhe disser: "Ide em paz, aquecei-vos e saciai-vos", sem lhes dar o que é necessário ao corpo, de que lhes aproveitará? Assim também a fé: se ela não tiver obras, é morta em si mesma» (2,14-17).

No serviço da caridade, há *uma atitude que nos há de animar e caracterizar:* devemos cuidar do outro enquanto pessoa confiada por Deus à nossa responsabilidade. Como discípulos de Jesus, somos chamados a fazermo-nos próximo de cada homem (cf. *Lc* 10,29-37), reservando uma preferência especial a quem vive mais pobre, sozinho e necessitado. É precisamente através da ajuda prestada ao faminto, ao sedento, ao estrangeiro, ao nu, ao doente, ao encarcerado — como também à criança ainda não nascida, ao idoso que está doente ou perto da morte —, que temos a possibilidade de servir Jesus, como ele mesmo declarou: «Sempre que fizestes isto a um destes meus irmãos mais pequeninos, a mim mesmo o fizestes» (*Mt* 25,40). Por isso, não podemos deixar de nos sentir interpelados e julgados por esta página sempre atual de São João Crisóstomo: «Queres honrar o corpo de Cristo? Não o transcures quando se encontrar nu! Não vale prestares honras aqui no templo com tecidos de seda, e depois transcurá-lo lá fora, onde sofre frio e nudez».[113]

O serviço da caridade a favor da vida deve ser profundamente unitário: não pode tolerar unilateralismos e discriminações, já que a vida humana é sagrada e inviolável em todas as suas fases e situações; é um bem indivisível. Trata-se de *«cuidar» da vida toda e da vida de todos. Ou* melhor ainda e mais profundamente, trata-se de ir até às próprias raízes da vida e do amor.

Partindo exatamente deste amor profundo por todo homem e mulher, foi-se desenvolvendo, ao longo dos séculos, uma *extraordinária história de caridade,* que introduziu, na vida eclesia, e civil, numerosas estruturas de serviço à vida, que suscitam a admiração até do observador menos prevenido. É uma história que cada comunidade cristã deve, com renovado sentido de responsabilidade, continuar a escrever graças a uma múltipla ação pastoral e social. Neste sentido, é preciso criar formas discretas mas eficazes de *acompanhamento da vida nascente,*

113. *Sobre o Evangelho de Mateus,* Homilia 50, 3: *PG* 58, 508.

prestando uma especial solidariedade àquelas mães que, mesmo privadas do apoio do pai, não temem trazer ao mundo o seu filho e educá-lo. Cuidado análogo deve ser reservado à vida provada pela marginalização ou pelo sofrimento, de forma particular nas suas etapas finais.

88. Tudo isto comporta uma *obra educativa* paciente e corajosa, que estimule todos e cada um a carregar os fardos dos outros (cf. *Gl* 6,2); requer uma contínua promoção das *vocações ao serviço,* particularmente entre os jovens; implica a realização de *projetos e iniciativas* concretas, sólidas e inspiradas evangelicamente.

Múltiplos são os *Instrumentos a valorizar* por um empenho competente e sério. Relativamente às fontes da vida, sejam promovidos *os centros com os métodos naturais de regulação da fertilidade,* como válida ajuda à paternidade e maternidade responsável, na qual cada pessoa, a começar do filho, é reconhecida e respeitada por si mesma, e cada decisão é animada e guiada pelo critério do dom sincero de si. Também os *consultórios matrimoniais e familiares,* através da sua ação específica de consulta e prevenção, desenvolvida à luz de uma antropologia coerente com a visão cristã da pessoa, do casal e da sexualidade, constituem um precioso serviço para descobrir o sentido do amor e da vida, e para apoiar e assistir cada família na sua missão de «santuário da vida». A serviço da vida nascente, estão ainda *os centros de ajuda à vida e os lares de acolhimento da vida*. Graças à sua ação, tantas mães-solteiras e casais em dificuldade readquirem razões e convicções, e encontram assistência e apoio para superar contrariedades e medos no acolhimento de uma vida nascitura ou que acaba de vir à luz.

Diante da vida condicionada por dificuldades, extravio, doença ou marginalização, outros instrumentos — como *as comunidades para a recuperação dos dependentes de tóxicos, os lares para abrigo de menores ou dos doentes mentais, os centros para acolhimento e tratamento dos doentes da AIDS, as Cooperativas de solidariedade sobretudo para inválidos* — são expressões eloqüentes daquilo que a caridade sabe inventar para dar novas razões de esperança e possibilidades concretas de vida a cada um.

Quando, depois, a existência terrena se encaminha para o seu termo, é ainda a caridade que encontra as modalidades mais oportunas para os *idosos*, sobretudo se não-autosuficientes, e os chamados *doentes terminais* poderem gozar de uma assistência verdadeiramente humana e receber respostas adequadas às suas exigências, especialmente à sua angústia e solidão. Nestes casos, é insubstituível o papel das famílias; mas estas podem encontrar grande ajuda nas estruturas sociais de assistência e, quando necessário, no recurso aos *cuidados paliativos,* valendo-se para o efeito dos idôneos serviços clínicos e sociais, sejam os existentes nos edifícios públicos de internamento e tratamento, sejam os disponíveis para apoio a domicílio.

Em particular, ocorre reconsiderar o papel dos *hospitais,* das *clínicas* e das *casas de saúde:* a sua verdadeira identidade não é a de serem apenas estruturas onde se cuida dos enfermos e doentes terminais, mas em primeiro lugar ambientes nos quais o sofrimento, a dor e a morte sejam reconhecidos e interpretados no seu significado humano e especificamente cristão. De modo especial, tal identidade deve manifestar-se clara e eficientemente nas *instituições dependentes de religiosos ou, de alguma maneira, ligadas à Igreja.*

89. Estas estruturas e lugares de serviço à vida, e todas as demais iniciativas de apoio e solidariedade, que as diversas situações poderão sugerir em cada ocasião, precisam ser animados por *pessoas generosamente disponíveis e profundamente conscientes* de quão decisivo seja o *Evangelho da vida* para o bem do indivíduo humano e da sociedade.

Peculiar é a responsabilidade confiada aos profissionais da saúde — médicos, farmacêuticos, enfermeiros, capelães, religiosos e religiosas, administradores e voluntários: a sua profissão pede-lhes que sejam guardiães e servidores da vida humana. No atual contexto cultural e social, em que a ciência e a arte médica correm o risco de extraviar-se da sua dimensão ética originária, podem ser às vezes fortemente tentados a transformarem-se em fautores de manipulação da vida, ou mesmo até em agentes de morte. Perante tal tentação, a sua responsabilidade é hoje muito maior e encontra a sua inspiração mais profunda e o apoio mais forte precisamente na intrínseca e imprescindível dimensão ética da profissão clínica, como já reconhecia o antigo e sempre atual *juramento de Hipócrates,* segundo o qual é pedido a cada médico que se comprometa no respeito absoluto da vida humana e da sua sacralidade.

O respeito absoluto de cada vida humana inocente exige inclusive o *exercício da objeção de consciência* frente ao aborto provocado e à eutanásia. O «fazer morrer» nunca pode ser considerado um cuidado médico, nem mesmo quando a intenção fosse apenas a de secundar um pedido do paciente: pelo contrário, é a própria negação da profissão médica, que se define como um apaixonado e vigoroso «sim» à vida. Também a pesquisa biomédica, campo fascinante e promissor de novos e grandes benefícios para a humanidade, deve sempre rejeitar experiências, investigações ou aplicações que, menosprezando a dignidade inviolável do ser humano, deixam de estar a serviço dos homens para se transformarem em realidades que, parecendo socorrê-los, efetivamente os oprimem.

90. Um papel específico são chamadas a desempenhar as *pessoas empenhadas no voluntariado:* oferecem um contributo precioso a serviço da vida, quan-

do sabem conjugar capacidade profissional com um amor generoso e gratuito. O *Evangelho da vida* impele-as a elevarem os sentimentos de simples filantropia até à altura da caridade de Cristo; a reavivarem diariamente, por entre fadigas e cansaços, a consciência da dignidade de cada homem; a irem à procura das carências das pessoas, iniciando — se necessário — novos caminhos em lugares onde a necessidade é mais urgente, e a atenção e o apoio menos consistentes.

O realismo pertinaz da caridade exige que o *Evangelho da vida* seja servido ainda por meio de *formas de animação social e de empenho político*, que defendam e proponham o valor da vida nas nossas sociedades cada vez mais complexas e pluralistas. *Indivíduos, famílias, grupos, entidades associativas* têm a sua responsabilidade, mesmo se a título e com método diverso, na animação social e na elaboração de projetos culturais, econômicos, políticos e legislativos que, no respeito de todos e segundo a lógica da convivência democrática, contribuam para edificar uma sociedade, onde a dignidade de cada pessoa seja reconhecida e tutelada, e a vida de todos fique tutelada e promovida.

Semelhante tarefa incumbe, de modo particular, sobre os *responsáveis da vida pública*. Chamados a servir o homem e o bem comum, têm o dever de realizar opções corajosas a favor da vida, primeiro que tudo, no âmbito das *disposições legislativas*. Num regime democrático, onde as leis e as decisões se estabelecem sobre a base do consenso de muitos, pode atenuar-se na consciência dos indivíduos investidos de autoridade o sentido da responsabilidade pessoal. Mas ninguém pode jamais abdicar desta responsabilidade, sobretudo quando tem um mandato legislativo ou poder decisório que o chama a responder perante Deus, a própria consciência e a sociedade inteira de opções eventualmente contrárias ao verdadeiro bem comum. Se as leis não são o único instrumento para defender a vida humana, desempenham, contudo, um papel muito importante, por vezes determinante, na promoção de uma mentalidade e dos costumes. Afirmo, uma vez mais, que uma norma que viola o direito natural de um inocente à vida, é injusta e, como tal, não pode ter valor de lei. Por isso, renovo o meu veemente apelo a todos os políticos para não promulgarem leis que, ao menosprezarem a dignidade da pessoa, minam pela raiz a própria convivência social.

A Igreja sabe que é difícil atuar uma defesa legal eficaz da vida no contexto das democracias pluralistas, por causa da presença de fortes correntes culturais de matriz diversa. Todavia, movida pela certeza de que a verdade moral não pode deixar de ter eco no íntimo de cada consciência, ela encoraja os políticos — a começar pelos que são cristãos — a não se renderem, mas tomarem aquelas decisões que, tendo em conta as possibilidades concretas, levem a restabelecer uma ordem justa na afirmação e promoção do valor da vida. Nesta perspectiva, convém sublinhar que não basta eliminar as leis iníquas. Mas terão de ser removidas as causas que favorecem os atentados contra a vida, sobretudo garantindo o devido apoio à família e à maternidade: *a política familiar* deve constituir *o ponto fulcral e o motor de todas as políticas sociais.* Para isso, é necessário ativar iniciativas sociais e legislativas, capazes de garantir condições de autêntica liberdade de escolha em ordem à paternidade e à maternidade; impõe-se, além disso, reordenar as políticas do emprego, de urbanização, da habitação, dos serviços sociais, para se conseguir conciliar entre si os tempos do trabalho e da família, tornando possível um efetivo cuidado das crianças e dos idosos.

91. Um capítulo importante da política em favor da vida é constituído hoje pela *problemática demográfica*. As autoridades públicas têm certamente a responsabilidade de intervir com válidas iniciativas «para orientar a demografia da população»;[114] mas tais iniciativas devem pressupor e respeitar sempre a responsabilidade primária e inalienável dos esposos e das famílias, e não podem recorrer a métodos desrespeitadores da pessoa e dos seus direitos fundamentais, a começar pelo direito à vida de todo ser humano inocente. Por isso, é moralmente inaceitável que, para regular a natalidade, se encoraje ou até imponha o uso de meios como a contracepção, a esterilização e o aborto.

114. *Catecismo da Igreja Católica,* n. 2372.

Bem diferentes são os caminhos para resolver o problema demográfico: os Governos e as várias instituições internacionais devem, antes de tudo, visar a criação de condições econômicas, sociais, médico-sanitárias e culturais que permitam aos esposos realizarem as suas opções procriadoras, com plena liberdade e verdadeira responsabilidade; devem esforçar-se, depois, por «aumentar os meios e distribuir com maior justiça a riqueza, para que todos possam participar eqüitativamente dos bens da criação. São necessárias soluções a nível mundial, que instaurem uma verdadeira *economia de comunhão e participação de bens,* tanto na ordem internacional como nacional».[115] Este é o único caminho que respeita a dignidade das pessoas e das famílias, como também o autêntico patrimônio cultural dos povos.

Vasto e complexo é, portanto, o serviço ao *Evangelho da vida.* Ele manifesta-se cada vez mais como âmbito precioso e favorável para uma efetiva colaboração com os irmãos das outras Igrejas e Comunidades eclesiais, na linha daquele *ecumenismo das obras* que o Concílio Vaticano II, com autoridade, encorajou.[116] Além disso, o referido serviço apre-

---

115. JOÃO PAULO II, Discurso inaugural da IV Conferência Geral do Episcopado Latino-Americano em Santo Domingo (12 de outubro de 1992), n. 15: *AAS* 85 (1993), 819.

116. Cf. Decr. sobre o ecumenismo *Unitatis redintegratio,* 12: Const. past. sobre a Igreja no mundo contemporâneo *Gaudium et spes,* 90.

senta-se como espaço providencial para o diálogo e colaboração com os sequazes de outras religiões e com todos os homens de boa vontade: *a defesa e a promoção da vida não são monopólio de ninguém, mas tarefa e responsabilidade de todos*. O desafio que temos pela frente, na vigília do terceiro milênio, é árduo: somente a cooperação concorde de todos aqueles que acreditam no valor da vida, poderá evitar uma derrota da civilização com conseqüências imprevisíveis.

«Os filhos são bênçãos do Senhor, os frutos do ventre, uma recompensa do Senhor» (Sl 127/126,3): a família «santuário da vida»

92. No seio do «povo da vida e pela vida», *resulta decisiva a responsabilidade da família:* é uma responsabilidade que brota da própria natureza dela — uma comunidade de vida e de amor, fundada sobre o matrimônio — e da sua missão que é «guardar, revelar e comunicar o amor».[117] Em causa está o próprio amor de Deus, do qual os pais são constituídos colaboradores e como que intérpretes na transmissão da vida e na educação da mesma segundo o seu projeto

117. JOÃO PAULO II, Exort. ap. pós-sinodal *Familiaris consortio* (22 de novembro de 1981), n. 17: *AAS* 74 (1982), 100.

de Pai.[118] É, por conseguinte, o amor que se faz generosidade, acolhimento, doação: na família, cada um é reconhecido, respeitado e honrado por ser pessoa; e se alguém está mais necessitado, maior e mais diligente é o cuidado por ele.

A família tem a ver com os seus membros durante toda a existência de cada um, desde o nascimento até a morte. Ela é verdadeiramente «*o santuário da vida (...)*, o lugar onde a vida, dom de Deus, pode ser convenientemente acolhida e protegida contra os múltiplos ataques a que está exposta, e pode desenvolver-se segundo as exigências de um crescimento humano autêntico».[119] Por isso, o papel da família é *determinante e insubstituível na construção* da cultura da vida.

Como *igreja doméstica,* a família é chamada a anunciar, celebrar e servir o *Evangelho da vida.* Esta tríplice função compete primariamente aos cônjuges, chamados a serem transmissores da vida, apoiados numa *consciência* sempre renovada *do sentido da geração,* enquanto acontecimento onde, de modo privilegiado, se manifesta que *a vida humana é um dom recebido a fim de, por sua vez, ser dado.* Na geração de uma nova vida, eles tomam consciência de que o filho «se é fruto da recíproca doação de

---

118. Cf. CONC. ECUM. VAT. II, Const. past. sobre a Igreja no mundo contemporâneo *Gaudium et spes,* 50.

119. JOÃO PAULO II, Carta enc. *Centesimus annus* (1º de maio de 1991), n. 39: *AAS* 83 (1991), 842.

amor dos pais, é, por sua vez, um dom para ambos: um dom que promana do dom».[120]

A família cumpre a sua missão de anunciar o *Evangelho da vida*, principalmente através da *educação dos filhos*. Pela palavra e pelo exemplo, no relacionamento mútuo e nas opções cotidianas, e mediante gestos e sinais concretos, os pais iniciam os seus filhos na liberdade autêntica, que se realiza no dom sincero de si, e cultivam neles o respeito do outro, o sentido da justiça, o acolhimento cordial, o diálogo, o serviço generoso, a solidariedade e os demais valores que ajudam a viver a existência como um dom. A obra educadora dos pais cristãos deve constituir um serviço à fé dos filhos e prestar uma ajuda para eles cumprirem a vocação recebida de Deus. Entra na missão educadora dos pais ensinar e testemunhar aos filhos o verdadeiro sentido do sofrimento e da morte: poderão fazê-lo se souberem estar atentos a todo sofrimento existente ao seu redor e, antes ainda, se souberem desenvolver atitudes de solidariedade, assistência e partilha com doentes e idosos no âmbito familiar.

120. JOÃO PAULO II, Discurso aos participantes no VII Simpósio dos Bispos da Europa sobre o tema «As atitudes contemporâneas diante do nascimento e da morte: um desafio para a evangelização» (17 de outubro de 1989), n. 5: *Insegnamenti* XII/2 (1989), 945. Os filhos são apresentados pela tradição bíblica precisamente como um dom de Deus (cf. *Sl* 127/126,3) e como sinal da sua bênção sobre o homem que anda nos seus caminhos (cf. *Sl* 128/127,3-4).

93. Além disso, a família *celebra o Evangelho da vida* com a *oração diária*, individual e familiar: nela, agradece e louva o Senhor pelo dom da vida e invoca luz e força para enfrentar os momentos de dificuldade e sofrimento, sem nunca perder a esperança. Mas a celebração que dá significado a qualquer outra forma de oração e de culto é a que se exprime na *existência cotidiana da família,* quando esta é uma existência feita de amor e doação.

A celebração transforma-se assim num *serviço ao Evangelho da vida,* que se exprime através da *solidariedade,* vivida no seio e ao redor da família como atenção carinhosa, vigilante e cordial nas ações pequenas e humildes de cada dia. Uma expressão particularmente significativa de solidariedade entre as famílias é a disponibilidade para a *adoção ou* para o *acolhimento* das crianças abandonadas pelos seus pais ou, de qualquer modo, em situação de grave dificuldade. O verdadeiro amor paterno e materno sabe ir além dos laços da carne e do sangue para acolher também crianças de outras famílias, oferecendo-lhes o que for necessário para a sua vida e o seu pleno desenvolvimento. Entre as formas de adoção, merece ser assinalada *a adoção à distância,* que se há de preferir sempre que o abandono tenha por único motivo as condições de grave pobreza da família. Na realidade, com esta espécie de adoção é oferecida aos pais a ajuda necessária para manter e educar os próprios filhos, sem ter de os desarraigar do seu ambiente natural.

Concebida como «determinação firme e perseverante de se empenhar pelo bem comum»,[121] a solidariedade requer ser também concretizada mediante formas de *participação social e política*. Conseqüentemente, servir o *Evangelho da vida* implica que as famílias, nomeadamente tomando parte em apropriadas associações, se empenhem por que as leis e as instituições do Estado não lesem de modo algum o direito à vida, desde a sua concepção até a morte natural, mas o defendam e promovam.

94. Um lugar especial deve ser reconhecido aos *idosos*. Enquanto, em algumas culturas, a pessoa de mais idade permanece inserida na família com um papel ativo importante, em outras, ao contrário, quem chegou à velhice é sentido como um peso inútil e fica abandonado a si mesmo: em tal contexto, pode mais facilmente surgir a tentação de recorrer à eutanásia.

A marginalização ou mesmo a rejeição dos idosos é intolerável. A sua presença na família ou, pelo menos, a estreita solidariedade desta com eles quando, pelo reduzido espaço da habitação ou outros motivos, essa presença não fosse possível, é de importância fundamental para criar um clima de intercâmbio recíproco e de comunicação enriquecedora entre

---

121. JOÃO PAULO II, Carta enc. *Sollicitudo rei socialis* (30 de dezembro de 1987), n. 38: *AAS* 80 (1988), 565-566.

as várias idades da vida. Por isso, é importante que se conserve, ou se restabeleça onde isso se perdeu, uma espécie de «pacto» entre as gerações, de modo que os pais idosos, chegados ao termo da sua caminhada, possam encontrar nos filhos aquele acolhimento e solidariedade que lhes tinham oferecido quando estes estavam desabrochando para a vida: exige-o a obediência ao mandamento divino que ordena honrar o pai e a mãe (cf. *Ex* 20,12; *Lv* 19,3*)*. Mas tem mais... O idoso não pode ser considerado apenas objeto de atenção, solidariedade e serviço. Também ele tem um valioso contributo a prestar ao *Evangelho da vida*. Graças ao rico patrimônio de experiência adquirido ao longo dos anos, o idoso pode e deve ser *transmissor de sabedoria, testemunha de esperança e de caridade*.

Se é verdade que «o futuro da humanidade passa pela família»,[122] tem-se de reconhecer que as atuais condições sociais, econômicas e culturais freqüentemente tornam mais árdua e penosa a tarefa da família a serviço da vida. Para poder realizar a sua vocação de «santuário da vida», enquanto célula de uma sociedade que ama e acolhe a vida, é necessário e urgente que a *família como tal seja ajudada e apoiada*. As sociedades e os Estados devem assegurar todo o apoio necessário, mesmo econômico, para

---

122. JOÃO PAULO II, Exort. ap. pós-sinodal *Familiaris consortio* (22 de novembro de 1981), n. 86: *AAS* 74 (1982), 188.

que as famílias possam responder de forma mais humana aos próprios problemas. Por seu lado, a Igreja deve promover incansavelmente uma pastoral familiar capaz de ajudar cada família a redescobrir, com alegria e coragem, a sua missão no que diz respeito ao *Evangelho da vida*.

«Comportai-vos como filhos da luz» (Ef 5,8): para realizar uma viragem cultural

95. «Comportai-vos como filhos da luz. (...) Procurai o que é agradável ao Senhor, e não participeis das obras infrutuosas das trevas» *(Ef* 5,8.10-11). No contexto social de hoje, marcado por uma luta dramática entre a «cultura da vida» e a «cultura da morte», importa *maturar um forte sentido crítico,* capaz de discernir os verdadeiros valores e as autênticas exigências.

Urge uma *mobilização geral das consciências* e um *esforço ético comum,* para se realizar uma *grande estratégia a favor da vida. Todos juntos devemos construir uma nova cultura da vida:* nova, porque em condições de enfrentar e resolver os problemas inéditos de hoje acerca da vida do homem; nova, porque assumida com convicção mais firme e laboriosa por todos os cristãos; nova, porque capaz de suscitar um sério e corajoso confronto cultural com todos. A urgência desta viragem cultural está ligada à situação histórica que estamos atravessando, mas radica-se sobretudo na própria missão evangelizadora confiada à Igreja. De fato, o Evangelho visa «transformar a partir de dentro e fazer nova a própria humanidade»;[123] é como o fermento que leveda toda a massa (cf. *Mt* 13,33) e, como tal, é destinado a permear todas as culturas e a animá-las a partir de dentro,[124] para que exprimam a verdade integral sobre o homem e sua vida.

É preciso começar por *renovar a cultura da vida no seio das próprias comunidades cristãs*. Muitas vezes os crentes, mesmo até os que participam ativamente na vida eclesial, caem numa espécie de dissociação entre a fé cristã e as suas exigências éticas a respeito da vida, chegando assim ao subjetivismo moral e a certos comportamentos inaceitáveis. Devemos, pois, interrogar-nos, com grande lucidez e coragem, acerca da cultura da vida que reina hoje entre os indivíduos cristãos, as famílias, os grupos e as comunidades das nossas Dioceses. Com igual clareza e decisão, teremos de individuar os passos que somos chamados a dar para servir a vida na plenitude da sua verdade. Ao mesmo tempo, devemos promover um confronto sério e profundo com todos, inclusive com os não-crentes, sobre os problemas fundamentais da vida humana, tanto nos lugares da elaboração do pensamento, como nos diversos âmbi-

---

123. PAULO VI, Exort. ap. *Evangelii nuntiandi* (8 de dezembro de 1975), n. 18: *AAS* 68 (1976), 17.

124. Cf. *Ibid.*, n. 20: *o.c.*, 18.

tos profissionais e nas situações onde se desenvolve diariamente a existência de cada um.

96. O primeiro e fundamental passo para realizar esta viragem cultural consiste na *formação da consciência moral* acerca do valor incomensurável e inviolável de cada vida humana. Suma importância tem aqui a *descoberta do nexo indivisível entre vida e liberdade*. São bens inseparáveis: quando um é violado, o outro acaba por ser também. Não há liberdade verdadeira, onde a vida não é acolhida nem amada; nem há vida plena senão na liberdade. Ambas as realidades têm, ainda, um peculiar e natural ponto de referência que as une indissoluvelmente: a vocação ao amor. Este, enquanto sincero dom de si,[125] é o sentido mais verdadeiro da vida e da liberdade da pessoa.

Na formação da consciência, igualmente decisiva é a *descoberta do laço constitutivo que une a liberdade à verdade*. Como disse já várias vezes, desarraigar a liberdade da verdade objetiva torna impossível fundar os direitos da pessoa sobre uma base racional sólida, e cria as premissas para se afirmar, na sociedade, o arbítrio desenfreado dos indivíduos ou o totalitarismo repressivo do poder público.[126]

---

125. Cf. CONC. ECUM. VAT. II, Const. past. sobre a Igreja no mundo contemporâneo *Gaudium et spes*, 24.

126. Cf. Carta enc. *Centesimus annus* (1º de maio de 1991), n. 17: *AAS* 83 (1991), 814; Carta enc. *Veritatis*

Então é essencial que o homem reconheça a evidência primordial da sua condição de criatura que recebe de Deus o ser e a vida como dom e tarefa: só admitindo esta inata dependência no seu ser, pode o homem realizar em plenitude a vida e a liberdade própria e, simultaneamente, respeitar em toda a sua profundidade a vida e a liberdade alheia. É sobretudo aqui que se manifesta como, «no centro de cada cultura, está o comportamento que o homem assume diante do mistério maior: o mistério de Deus».[127] Quando se nega Deus e se vive como se ele não existisse ou de qualquer modo não se tem em conta os seus mandamentos, então facilmente se acaba por negar ou comprometer também a dignidade da pessoa humana e a inviolabilidade da sua vida.

97. À formação da consciência está estritamente ligada a *obra educativa*, que ajuda o homem a ser cada vez mais homem, o introduz sempre mais profundamente na verdade, orienta-o para um crescente respeito da vida, forma-o nas justas relações entre as pessoas.

De modo particular, é necessário educar para o valor da vida, *a começar das suas próprias raízes*. É uma ilusão pensar que se pode construir uma verda-

---

splendor (6 de agosto de 1993), nn. 95-101: *AAS* 85 (1993), 1208-1213.

127. João Paulo II, Carta enc. *Centesimus annus* (1º de maio de 1991), n. 24: *AAS* 83 (1991), 822.

deira cultura da vida humana, se não se ajudam os jovens a compreender e a viver a sexualidade, o amor e a existência inteira no seu significado verdadeiro e na sua íntima correlação. A sexualidade, riqueza da pessoa toda, «manifesta o seu significado íntimo ao levar a pessoa ao dom de si no amor».[128] A banalização da sexualidade conta-se entre os principais fatores que estão na origem do desprezo pela vida nascente: só um amor verdadeiro sabe defender a vida. Não é possível, pois, eximir-nos de oferecer, sobretudo aos adolescentes e aos jovens, uma autêntica *educação da sexualidade e do amor,* educação essa que requer a *formação para a castidade,* como virtude que favorece a maturidade da pessoa e a torna capaz de respeitar o significado «esponsal» do corpo.

A obra de educação para a vida comporta a *formação dos cônjuges sobre a procriação responsável.* No seu verdadeiro significado, esta exige que os esposos sejam dóceis ao chamamento do Senhor e vivam como fiéis intérpretes do seu desígnio: este cumpre-se com a generosa abertura da família a novas vidas, permanecendo em atitude de acolhimento e de serviço à vida, mesmo quando os cônjuges, por sérios motivos e no respeito da lei moral decidem evitar, com ou sem limites de tempo, um novo nasci-

128. JOÃO PAULO II, Exort. ap. pós-sinodal *Familiaris consortio* (22 de novembro de 1981), n. 37: *AAS* 74 (1982), 128.

mento. A lei moral obriga-os, em qualquer caso, a dominar as tendências do instinto e das paixões e a respeitar as leis biológicas inscritas na pessoa de ambos. É precisamente este respeito que torna legítimo, ao serviço da procriação responsável, o *recurso aos métodos naturais de regulação da fertilidade:* estes têm-se aperfeiçoado progressivamente sob o ponto de vista científico e oferecem possibilidades concretas para decisões de harmonia com os valores morais. Uma honesta ponderação dos resultados conseguidos deveria fazer ruir preconceitos ainda muito difusos e convencer os cônjuges, bem como os profissionais da saúde e da assistência social, sobre a importância de uma adequada formação a tal respeito. A Igreja está agradecida àqueles que, com sacrifício pessoal e dedicação freqüentemente ignorada, se empenham na pesquisa e na difusão de tais métodos, promovendo ao mesmo tempo uma educação dos valores morais que o seu uso supõe.

A obra educativa não pode deixar de tomar em consideração, ainda, o sofrimento e a morte. Na realidade, ambos fazem parte da experiência humana, e é inútil, além de ilusório, procurar reprimi-los ou ignorá-los. Ao contrário, cada um deve ser ajudado a compreender, na concreta e dura realidade, o seu mistério profundo. Também a dor e o sofrimento têm um sentido e um valor, quando são vividos em estreita ligação com o amor recebido e dado. Nesta perspectiva, quis que se celebrasse anualmente o *Dia Mundial do Doente,* fazendo ressaltar «a índole salvífica da oferta do sofrimento, que, vivido em comunhão com Cristo, pertence à essência mesma da redenção».[129] Até a morte, aliás, não é de forma alguma aventura sem esperança: é a porta da existência que se abre, de par em par à eternidade e, para aqueles que a vivem em Cristo, é experiência de participação no mistério da sua morte e ressurreição.

98. Em resumo, podemos dizer que a viragem cultural, aqui desejada, exige de todos a coragem de *assumir um novo estilo de vida* que se exprime colocando, no fundamento das decisões concretas — a nível pessoal, familiar, social e internacional —, uma justa escala dos valores: *o primado do ser sobre o ter*,[130] da pessoa sobre as coisas.[131] Este novo estilo de vida implica também a passagem *da indiferença ao interesse pelo outro*, a passagem *da recusa ao seu acolhimento: os* outros não são concorrentes de quem temos de nos defender, mas irmãos e irmãs de quem devemos ser solidários; devem ser amados por si mesmos; enriquecem-nos pela sua própria presença.

129. Carta sobre a instituição do Dia Mundial do Doente (13 de maio de 1992), n. 2: *Insegnamenti* XV/1 (1992), 1410.

130. Cf. CONC. ECUM. VAT. II, Const. past. sobre a Igreja no mundo contemporâneo *Gaudium et spes*, 35; PAULO VI, Carta enc. *Populorum progressio* (26 de março de 1967), n. 15: *AAS* 59 (1967), 265.

131. Cf. JOÃO PAULO II, Carta às Famílias *Gratissimam sane* (2 de fevereiro de 1994), n. 13: *AAS* 86 (1994), 892.

Na mobilização por uma nova cultura da vida, que ninguém se sinta excluído: *todos têm um papel importante a desempenhar*. Ao lado da tarefa das famílias, é particularmente valiosa a missão dos *professores* e dos *educadores*. Deles está em larga medida dependente a possibilidade de os jovens, formados para uma autêntica liberdade, saberem preservar dentro de si e espalhar ao seu redor ideais autênticos de vida, e saberem crescer no respeito e ao serviço de cada pessoa, em família e na sociedade.

Também *os intelectuais* muito podem fazer para construir uma nova cultura da vida humana. Responsabilidade particular cabe aos intelectuais *católicos*, chamados a estarem ativamente presentes nas sedes privilegiadas da elaboração cultural, ou seja, no mundo da escola e das universidades, nos ambientes da investigação científica e técnica, nos lugares da criação artística e da reflexão humanista. Alimentando o seu gênio e ação na seiva límpida do Evangelho, devem comprometer-se a serviço de uma nova cultura da vida, através da produção de contributos sérios, documentados e capazes de se imporem pelos seus méritos ao respeito e interesse de todos. Precisamente nesta perspectiva, instituí a *Pontifícia Academia para a Vida,* com a missão de «estudar, informar e formar acerca dos principais problemas de biomedicina e de direito, relativos à promoção e à defesa da vida, sobretudo na relação direta que eles têm com a moral cristã e as diretrizes do Magistério da Igreja».¹³² Um contributo específico há de vir das *Universidades*, em particular *católicas*, e dos *Centros, Institutos e Comissões de bioética*.

Grande e grave é a responsabilidade dos *profissionais dos mass-media*, chamados a pugnarem por que as mensagens, transmitidas com tamanha eficácia, sejam um verdadeiro contributo para a cultura da vida. Importa, por isso, apresentar exemplos altos e nobres de vida e dar espaço aos testemunhos positivos e por vezes heróicos de amor pelo homem; propor, com grande respeito, os valores da sexualidade e do amor, sem contemporizar com nada daquilo que deturpa e degrada a dignidade do homem. Na leitura da realidade, hão de recusar-se a pôr em destaque tudo o que possa inspirar ou fazer crescer sentimentos ou atitudes de indiferença, desprezo ou rejeição da vida. Na escrupulosa fidelidade à verdade dos fatos, eles são chamados a conjugar num todo a liberdade de informação, o respeito para cada pessoa e um profundo sentido de humanidade.

99. Nessa viragem cultural a favor da vida, *as mulheres* têm um espaço de pensamento e ação singular e talvez determinante: compete a elas fazerem-se promotoras de um «novo feminismo» que, sem cair na tentação de seguir modelos «masculinizados», saiba reconhecer e exprimir o verdadeiro gênio feminino

---

132. JOÃO PAULO II, Motu proprio *Vitae mysterium* (11 de fevereiro de 1994), 4: *AAS* 86 (1994), 386-387.

em todas as manifestações da convivência civil, trabalhando pela superação de toda forma de discriminação, violência e exploração.

Retomando as palavras da mensagem conclusiva do Concílio Vaticano II, também eu dirijo às mulheres este premente convite: «Reconciliai os homens com a vida».[133] Vós sois chamadas a *testemunhar o sentido do amor autêntico*, daquele dom de si e acolhimento do outro, que se realizam de qualquer outra relação interpessoal. A experiência da maternidade proporciona-vos uma viva sensibilidade pela outra pessoa e confere-vos, ao mesmo tempo, uma missão particular: «A maternidade comporta uma comunhão especial com o mistério da vida, que amadurece no seio da mulher. (...) Este modo único de contato com o novo homem que se está formando, cria, por sua vez, uma atitude tal para com o homem — não só para com o próprio filho, mas para com o homem em geral — que caracteriza profundamente toda a personalidade da mulher».[134] Com efeito, a mãe acolhe e leva dentro de si um outro, proporciona-lhe forma de crescer no seu seio, dá-lhe espaço, respeitando-o na sua diferença. Deste modo, a mulher percebe e ensina que as relações humanas são autênticas quando se abrem ao acolhimento da outra

---

133. *Mensagem do Concílio à humanidade* (8 de dezembro de 1965): *às mulheres.*

134. João Paulo II, Carta ap. *Mulieris dignitatem* (15 de agosto de 1988), n. 18: *AAS* 80 (1988), 1696.

pessoa, reconhecida e amada pela dignidade que lhe advém do fato mesmo de ser pessoa e não de outros fatores, como a utilidade, a força, a inteligência, a beleza, a saúde. Este é o contributo fundamental que a Igreja e a humanidade esperam das mulheres. E é premissa insubstituível para uma autêntica viragem cultural.

Um pensamento especial quereria reservá-lo para vós, *mulheres, que recorrestes ao aborto*. A Igreja está a par dos numerosos condicionalismos que poderiam ter influído sobre a vossa decisão, e não duvida que, em muitos casos, se tratou de uma decisão difícil, talvez dramática. Provavelmente a ferida no vosso espírito ainda não está curada. Na realidade, aquilo que aconteceu, foi e permanece profundamente injusto. Mas não vos deixeis cair no desânimo, nem percais a esperança. Sabei, antes, compreender o que se verificou e interpretai-o em toda a sua verdade. Se não o fizestes ainda, abri-vos com humildade e confiança ao arrependimento: o Pai de toda a misericórdia espera-vos para vos oferecer o seu perdão e a sua paz no sacramento da Reconciliação. Dar-vos-eis conta de que nada está perdido, e podereis pedir perdão também ao vosso filho que agora vive no Senhor. Ajudadas pelo conselho e pela solidariedade de pessoas amigas e competentes, podereis contar-vos, com o vosso doloroso testemunho, entre os mais eloqüentes defensores do direito de todos à vida. Através do vosso compromisso a favor da vida, coroado eventualmente com o nascimento de novos filhos e exercido através do acolhimento e atenção a quem está mais carecido de solidariedade, sereis artífices de um novo modo de olhar a vida do homem.

100. Neste grande esforço por uma nova cultura da vida, somos *sustentados e fortalecidos pela confiança* de quem sabe que o *Evangelho da vida,* como o Reino de Deus, cresce e dá frutos abundantes (cf. *Mc* 4,26-29). Certamente é enorme a desproporção existente entre os meios numerosos e potentes, de que estão dotadas as forças propulsoras da «cultura da morte», e os meios de que dispõem os promotores de uma «cultura da vida e do amor». Mas nós sabemos que podemos confiar na ajuda de Deus, para quem nada é impossível (cf. *Mt* 19,26).

Com esta certeza no coração e movido de pungente solicitude pela sorte de cada homem e mulher, repito hoje a todos aquilo que disse às famílias, empenhadas em suas difíceis tarefas por entre as ciladas que as ameaçam:[135] *é urgente uma grande oração pela vida,* que atravesse o mundo inteiro. Com iniciativas extraordinárias e na oração habitual, de cada comunidade cristã, de cada grupo ou associação, de cada família e do coração de cada crente eleve-se uma súplica veemente a Deus, Criador e amante da vida. O próprio Jesus nos mostrou com o seu exem-

---

135. Cf. Carta às Famílias *Gratissimam sane* (2 de fevereiro de 1994), n. 5: *AAS* 86 (1994), 872.

plo que a oração e o jejum são as armas principais e mais eficazes contra as forças do mal (cf. *Mt* 4,1-11), e ensinou aos seus discípulos que alguns demônios só desse modo se expulsam (cf. *Mc* 9,29). Então, encontremos novamente a humildade e a coragem de *orar e jejuar,* para conseguir que a força que vem do Alto faça ruir os muros de enganos e mentiras que escondem, aos olhos de muitos dos nossos irmãos e irmãs, a natureza perversa de comportamentos e de leis contrárias à vida, e abra os seus corações a propósitos e desígnios inspirados na civilização da vida e do amor.

«Escrevemo-vos estas coisas para que a vossa alegria seja completa» (1Jo 1,4): o Evangelho da vida é para o bem da cidade dos homens

101. «Escrevemo-vos estas coisas, para que a vossa alegria seja completa» (*1Jo* 1,4). A revelação do *Evangelho da vida* foi-nos confiada como um bem que deve ser comunicado a todos: para que todos os homens estejam em comunhão conosco e com a Santíssima Trindade (cf. *1Jo* 1,3). Nem nós poderíamos viver em alegria plena, se não comunicássemos este Evangelho aos outros, mas o guardássemos apenas para nós.

O Evangelho da vida não é exclusivamente para os crentes: *destina-se a todos*. A questão da vida e da sua defesa e promoção não é prerrogativa unicamente dos cristãos. Mesmo se recebe uma luz e força extraordinária da fé, aquela pertence a cada consciência humana que aspira pela verdade e vive atenta e apreensiva pela sorte da humanidade. Na vida, existe seguramente um valor sagrado e religioso, mas de modo algum este interpela apenas os crentes: trata-se, com efeito, de um valor que todo ser humano pode enxergar, mesmo com a luz da razão, e, por isso, diz necessariamente respeito a todos.

Por isso, a nossa ação de «povo da vida e pela vida» pede para ser interpretada de modo justo e acolhida com simpatia. Quando a Igreja declara que o respeito incondicional do direito à vida de toda pessoa inocente — desde a sua concepção até a morte natural — é um dos pilares sobre o qual assenta toda a sociedade, ela «quer simplesmente *promover um Estado humano*. Um Estado que reconheça como seu dever primário a defesa dos direitos fundamentais da pessoa humana, especialmente da mais fraca».[136]

O Evangelho da vida é para o bem da cidade dos homens. Atuar em favor da vida é contribuir para *o renovação da sociedade,* através da edificação do bem comum. De fato, não é possível construir o bem comum sem reconhecer e tutelar o direi-

---

136. JOÃO PAULO II, Discurso aos participantes no Encontro de estudos sobre «O direito à vida e a Europa» (18 de dezembro de 1987): *Insegnamenti* X/3 (1987), 1446.

to à vida, sobre o qual se fundamentam e desenvolvem todos os restantes direitos inalienáveis do ser humano. Nem pode ter sólidas bases uma sociedade que se contradiz radicalmente, já que por um lado afirma valores como a dignidade da pessoa, a justiça e a paz, mas por outro aceita ou tolera as mais diversas formas de desprezo e violação da vida humana, sobretudo se fraca e marginalizada. Só o respeito da vida pode fundar e garantir bens tão preciosos e necessários à sociedade como a democracia e a paz.

De fato, não pode haver *verdadeira democracia*, se não é reconhecida a dignidade de cada pessoa e não se respeitam os seus direitos.

Nem pode haver *verdadeira paz*, se não *se defende e promove a vida*, como recordava Paulo VI: «Todo crime contra a vida é um atentado contra a paz, especialmente se ele viola os costumes do povo (...), enquanto nos lugares onde os direitos do homem são realmente professados e publicamente reconhecidos e defendidos, a paz torna-se a atmosfera feliz e geradora de convivência social».[137]

O «povo da vida» alegra-se de poder partilhar o seu empenho com muitos outros, de modo que seja cada vez mais numeroso o «povo pela vida», e a nova cultura do amor e da solidariedade possa crescer para o verdadeiro bem da cidade dos homens.

---

137. Mensagem para o Dia Mundial da Paz 1977: *AAS* 68 (1976), 711-712.

CONCLUSÃO

102. Chegados ao termo desta Encíclica, espontaneamente o olhar volta a fixar-se no Senhor Jesus, o «Menino nascido para nós» (cf. *Is* 9,5), a fim de nele contemplar «a Vida» que «se manifestou» (*1Jo* 1,2). No mistério deste nascimento, realiza-se o encontro de Deus com o homem e tem início o caminho do Filho de Deus sobre a terra, caminho esse que culminará com o dom da vida na Cruz: com a sua morte, ele vencerá a morte e tornar-se-á para a humanidade princípio de vida nova.

Quem esteve a acolher «a vida» em nome e proveito de todos, foi Maria, a Virgem Mãe, a qual, por isso mesmo, mantém laços pessoais estreitíssimos com o *Evangelho da vida*. O consentimento de Maria, na Anunciação, e a sua maternidade situam-se na própria fonte do mistério daquela vida, que Cristo veio dar aos homens (cf. *Jo* 10,10). Através do acolhimento e carinho que ela prestou à vida do Verbo feito carne, a vida do homem foi salva da condenação à morte definitiva e eterna.

Por isso, «como a Igreja, de que é figura, Maria é a Mãe de todos os que renascem para a vida. Ela é verdadeiramente a Mãe da Vida que faz viver todos os homens; ao gerar a Vida, gerou de certo modo todos aqueles que haviam de viver dessa Vida».[138]

Ao contemplar a maternidade de Maria, a Igreja descobre o sentido da própria maternidade e o modo como é chamada a exprimi-la. Ao mesmo tempo, a experiência materna da Igreja entreabre uma perspectiva mais profunda para compreender a experiência de Maria, qual *modelo incomparável de acolhimento e cuidado da vida.*

«Apareceu um grande sinal no Céu: uma mulher revestida de Sol» (Ap 12,1): a *maternidade de Maria e da Igreja*

103. A relação recíproca entre Maria e o mistério da Igreja manifesta-se claramente no «grande sinal» descrito no Apocalipse: «Apareceu um grande sinal no céu: uma mulher revestida de Sol, tendo a Lua debaixo dos seus pés e uma coroa de doze estrelas sobre a cabeça» (12,1) . Neste sinal, a Igreja reconhece uma imagem do próprio mistério: apesar de imersa na história, ela está consciente de a transcen-

---

138. Beato Guerrico d'Igny, *In Assumptione B. Mariae,* Sermo I, 2: *PL* 185, 188.

der, porquanto constitui na terra «o gérmen e o princípio» do Reino de Deus.[139] Tal mistério, a Igreja o vê realizado, de modo pleno e exemplar, em Maria. É ela a mulher gloriosa, na qual o desígnio de Deus se pôde realizar com a máxima perfeição.

Aquela «mulher revestida de Sol» — assinala o Livro do Apocalipse — «estava grávida» (12,2). A Igreja está plenamente consciente de trazer em si o Salvador do mundo, Cristo Senhor, e de ser chamada a dá-lo ao mundo, regenerando os homens para a própria vida de Deus. Mas não pode esquecer que esta sua missão tornou-se possível pela maternidade de Maria, que concebeu e deu à luz aquele que é «Deus de Deus», «Deus verdadeiro de Deus verdadeiro». Maria é verdadeiramente a Mãe de Deus, a *Theotokos,* em cuja maternidade é exaltada, até ao grau supremo, a vocação à maternidade inscrita por Deus em cada mulher. Assim Maria apresenta-se como modelo para a Igreja, chamada a ser a «nova Eva», mãe dos crentes, mãe dos «viventes» (cf. *Gn* 3,20).

A maternidade espiritual da Igreja só se realiza — também disto está ciente a Igreja — no meio das angústias e «dores de parto» (*Ap* 12,2), isto é, em perene tensão com as forças do mal, que continuam a sulcar o mundo e a dominar o coração dos homens, que opõem resistência a Cristo: «Nele estava a Vida

---

139. CONC. ECUM. VAT. II, Const. dogm. sobre a Igreja *Lumen gentium,* 5.

e a Vida era a luz dos homens; a luz resplandece nas trevas, mas as trevas não a acolheram» (*Jo* 1,4-5).

À semelhança da Igreja, também Maria teve de viver a sua maternidade sob o signo do sofrimento: «Este Menino está aqui (...) para ser sinal de contradição; uma espada trespassará a tua alma, a fim de se revelarem os pensamentos de muitos corações» (*Lc* 2,34-35). Nas palavras que Simeão dirige a Maria, já no alvorecer da existência do Salvador, está sinteticamente representada aquela rejeição de Jesus — e com ele a rejeição de Maria —, que culmina no Calvário. «Junto da cruz de Jesus» (*Jo* 19,25), Maria participa no dom que o Filho faz de si mesmo: oferece Jesus, dá-o, gera-o definitivamente para nós. O «sim» do dia da Anunciação amadurece plenamente no dia da Cruz, quando chega para Maria o tempo de acolher e gerar como filho cada homem feito discípulo, derramando sobre ele o amor redentor do Filho: «Então Jesus, ao ver sua mãe e junto dela, o discípulo que ele amava, Jesus disse a sua mãe: "Mulher, eis aí o teu filho"» (Jo 19,26).

«O dragão deteve-se diante da mulher ( ) para lhe devorar o filho que estava para nascer» (Ap 12,4): a vida ameaçada pelas forças do mal

104.   No Livro do Apocalipse, o «grande sinal» da «mulher» (12,1) é acompanhado por «outro sinal no céu»: «um grande dragão vermelho» (12,3), que re-

presenta Satanás, potência pessoal maléfica, e conjuntamente todas as forças do mal que agem na história e contrariam a missão da Igreja.

Também nisto, Maria ilumina a Comunidade dos Crentes: de fato, a hostilidade das forças do mal é uma obstinada oposição que, antes de tocar os discípulos de Jesus, se dirige contra a sua Mãe. Para salvar a vida do Filho daqueles que o temem como se fosse uma perigosa ameaça, Maria tem de fugir com José e o Menino para o Egito (cf. *Mt* 2,13-15).

Assim, Maria ajuda a Igreja a *tomar consciência de que a vida está sempre no centro de uma grande luta* entre o bem e o mal, entre a luz e as trevas. O dragão queria devorar «o filho que estava para nascer» *(Ap* 12,4), figura de Cristo, que Maria gera na «plenitude dos tempos» *(Gl* 4,4) e que a Igreja deve continuamente oferecer aos homens nas sucessivas épocas da história. Mas é também, de algum modo, figura de cada homem, de cada criança, sobretudo de cada criatura fraca e ameaçada, porque — como recorda o Concílio — «pela sua encarnação, ele, o Filho de Deus, uniu-se de certo modo a cada homem».[140] Precisamente na «carne» de cada homem, Cristo continua a revelar-se e a entrar em comunhão conosco, pelo que a *rejeição da vida do homem*, nas suas diversas formas, é realmente *rejeição de Cristo*. Esta é a verdade fascinante mas exi-

---

140. Const. past. sobre a Igreja no mundo contemporâneo *Gaudium et spes*, 22.

gente, que Cristo nos manifesta e que a sua Igreja incansavelmente propõe: «Quem receber um menino como este, em meu nome, é a mim que recebe» *(Mt* 18,5); «Em verdade vos digo: sempre que fizestes isto a um destes meus irmãos mais pequeninos, a mim mesmo o fizestes» *(Mt* 25,40).

«Não mais haverá morte» (Ap 21,4): *o esplendor da ressurreição*

105. A anunciação do anjo a Maria está inserida no meio destas expressões tranqüilizadoras: «Não tenhas receio, Maria» e «Nada é impossível a Deus» *(Lc* 1,30.37). Na verdade, toda a existência da Virgem Mãe está envolvida pela certeza de que Deus está com ela e a acompanha com a sua benevolência providente. O mesmo se passa também com a existência da Igreja que encontra «um refúgio» (cf. *Ap* 12,6) no deserto, lugar da provação mas também da manifestação do amor de Deus pelo seu povo (cf. *Os* 2,16). Maria é uma mensagem de viva consolação para a Igreja na sua luta contra a morte. Ao mostrar-nos o seu Filho, assegura-nos que nele as forças da morte já foram vencidas: «Morte e vida combateram, mas o Príncipe da vida reina vivo após a morte».[141]

141. *Missal Romano: Seqüência* do Domingo de Páscoa.

O Cordeiro imolado vive com os sinais da paixão, no esplendor da ressurreição. Só ele domina todos os acontecimentos da história: abre os seus «selos» (cf. *Ap* 5,1-10) e consolida, no tempo e para além dele, *o poder da vida sobre a morte*. Na «nova Jerusalém», ou seja, no mundo novo para o qual tende a história dos homens, *«não mais haverá morte,* nem pranto, nem gritos, nem dor, porque as primeiras coisas passaram» *(Ap* 21,4).

Como povo peregrino, povo da vida e pela vida, enquanto caminhamos confiantes para «um novo céu e uma nova terra» *(Ap* 21,1), voltamos o olhar para aquela que é para nós «sinal de esperança segura e consolação».[142]

---

142. CONC. ECUM. VAT. II, Const. dogm. sobre a Igreja *Lumen gentium,* 68.

Ó Maria,
aurora do mundo novo,
Mãe dos viventes,
a vós confiamos a *causa da vida:*
olhai, Mãe,
para o número sem fim
de crianças impedidas de nascer,
de pobres para quem se torna difícil viver,
de homens e mulheres
vítimas de inumana violência,
de idosos e doentes assassinados
pela indiferença
ou por uma presumida compaixão.
Fazei com que todos aqueles que crêem
no vosso Filho
saibam anunciar com coragem e amor
aos homens do nosso tempo
o Evangelho da vida.
Alcançai-lhes a graça de *o acolher*
como um dom sempre novo,
a alegria de *o celebrar* com gratidão
em toda a sua existência,
e a coragem para *o testemunhar*
com laboriosa tenacidade,
para construírem,
juntamente com todos os homens
de boa vontade,
a civilização da verdade e do amor,
para louvor e glória de Deus Criador
e amante da vida.

Dado em Roma, junto de São Pedro, no dia 25 de março, solenidade da Anunciação do Senhor, do ano 1995, décimo sétimo de Pontificado.

Joannes Paulus PP. II

ÍNDICE

INTRODUÇÃO 5

O valor incomparável da pessoa humana [2] 6
As novas ameaças à vida humana [3-4] 8
Em comunhão com todos os Bispos do mundo [5-6] 12

CAPÍTULO I

A VOZ DO SANGUE DO TEU IRMÃO CLAMA DA TERRA ATÉ MIM

AS ATUAIS AMEAÇAS À VIDA HUMANA

«Caim Levantou a mão contra o irmão Abel e matou-o»
  (*Gn* 4,8): na raiz da violência contra a vida [7-9] 17
«Que fizeste?» (*Gn* 4,10): o eclipse do valor da vida [10-17] ... 24
«Sou, porventura, guarda do meu irmão?» (*Gn* 4,9):
  uma noção perversa de liberdade [18-20] 36
«Obrigado a ocultar-me longe da tua face» (*Gn* 4,14):
  o eclipse do sentido de Deus e do homem [21-24] 43
«Vós vos aproximastes do sangue de aspersão»
  (cf. *Hb* 12,22.24): sinais de esperança e convite
  ao compromisso [25-28] 50

CAPÍTULO II

VIM PARA QUE TENHAM VIDA

A MENSAGEM CRISTÃ SOBRE A VIDA

«A vida manifestou-se, nós a vimos» (*1Jo* 1,2):
o olhar voltado para Cristo, «o Verbo da vida» [29-30] 59

«O Senhor é a minha força e a minha glória, foi ele quem
me salvou» (*Ex* 15,2): a vida é sempre um bem [31] 62

«Pela fé no nome de Jesus, este homem recobrou as forças»
(*At* 3,16): na precariedade da existência humana,
Jesus realiza plenamente o sentido da vida [32-33] 64

«Chamados (...) a ser conformes à imgem do seu Filho»
(*Rm* 8,28-29): a glória de Deus resplandece
no rosto do homem [34-36] 68

«Quem crê em mim, ainda que esteja morto viverá» (*Jo* 11,26):
o dom da vida eterna [37-38] 74

«A cada um, pedirei contas do seu irmão» (cf. *Gn* 9,5):
veneração e amor pela vida dos outros [39-41] 77

«Crescei e multiplicai-vos, enchei e dominai a terra» (*Gn* 1,28):
as responsabilidades do homem pela vida [42-43].............. 81

«Vós é que plasmastes o meu interior» (*Sl* 139/138,13):
a dignidade da criança ainda não nascida [44-45]............... 86

«Confiei mesmo quando disse: "Sou um homem de todo
infeliz" (*Sl* 116/115,10): a vida na velhice
e no sofrimento [46-47] 90

«Todo os que a seguirem alcançarão a vida» (*Br* 4,1):
da Lei do Sinai ao dom do Espírito [48-49] 93

«Olharão para aquele que trespassaram» (*Jo* 19,37): na árvore
da Cruz, cumpre-se o Evangelho da Vida [50-51] 97

CAPÍTULO III

NÃO MATARÁS

A LEI SANTA DE DEUS

«Se queres entrar na vida eterna, cumpre os mandamentos»
(*Mt* 19,17): Evangelho e mandamento [52] 103

«Ao homem, pedirei contas da vida do homem» (*Gn* 9,5):
a vida humana é sagrada e inviolável [53-57] 106

«Vossos olhos contemplaram-me ainda em embrião»
(*Sl* 139/138,16): o crime abominável do aborto [58-63] 115

«Só eu é que dou a vida e dou a morte» (*Dt* 32,39):
o drama da eutanásia [64-67] 128

«Importa mais obedecer a Deus do que aos homens» (*At* 5,29):
a lei civil e a lei moral [68-74] 138

«Amarás o teu próximo como a ti mesmo» (*Lc* 10,27):
«promove» a vida [75-77] 153

CAPÍTULO IV

A MIM O FIZESTES

POR UMA NOVA CULTURA DA VIDA HUMANA

«Vós sois o povo adquirido por Deus, para proclamardes
as suas obras maravilhosas» (*1Pd* 2,9):
o povo da vida e pela vida [78-79] 157

«O que vimos e ouvimos, isso vos anunciamos» (*1Jo* 1,3):
anunciar o Evangelho da vida [80-82] 160

«Eu vos louvo porque me fizestes como um prodígio»
(*Sl* 139/138,14): celebrar o Evangelho da vida [83-86] 165

«De que aproveitará, irmãos, a alguém dizer que tem fé
se não tiver obras?» (*Tg* 2,14):
servir o Evangelho da vida [87-91] 171

«Os filhos são bênçãos do Senhor; os frutos do ventre,
uma recompensa do Senhor» (*Sl* 127/126,3):
a família «santuário da vida» [92-94] 182

«Comportai-vos como filhos da luz» (*Ef* 5,8):
para realizar uma viragem cultural [95-100] 188

«Escrevemo-vos estas coisas para que a vossa alegria
seja completa» (*1Jo* 1,4): o Evangelho da vida
é para bem da cidade dos homens [101] 200

CONCLUSÃO 203

«Apareceu um grande sinal no Céu:
uma mulher revestida de Sol» (*Ap* 12,1):
a maternidade de Maria e da Igreja [103] 204

«O dragão deteve-se diante da mulher (...) para lhe devorar
o filho que estava para nascer» (*Ap* 12,4):
a vida ameaçada pelas forças do mal [104] 206

«Não mais haverá morte» (*Ap* 21,4):
o esplendor da ressurreição [105] 208